Klaus Farin
Eberhard Seidel

KRIEG IN DEN STÄDTEN

Jugendgangs in Deutschland

DIE AUTOREN

KLAUS FARIN, geboren 1958 in Gelsenkirchen, lebt seit 1980 – Punk sei Dank – in Berlin. Nach Tätigkeiten als Schülerzeitungsredakteur und Fanzine-Macher, Konzertveranstalter und -Security, Buchhändler und Journalist nun freier Autor sowie Lehrbeauftragter und Vortragsreisender in Schulen, Jugendklubs, Justizvollzugsanstalten, Akademien und Unternehmen. Diverse Veröffentlichungen über Skinheads, Fußballfans, Neonazis, Gothics, Karl May und andere (zuletzt: Über die Jugend und andere Krankheiten. Archiv der Jugendkulturen 2008).

Von 1998 bis 2011 war Klaus Farin Leiter des *Archiv der Jugendkulturen*, das Materialien jeglicher Art (Fanzines, Flyer, Tonträger, Bücher, wissenschaftliche Studien usw.) über & aus Jugendkulturen sammelt, analysiert, archiviert und der interessierten Öffentlichkeit zur Verfügung stellt. Seit 2011 ist er Vorsitzender der Stiftung *Respekt – Die Stiftung zur Förderung von jugendkultureller Vielfalt und Toleranz, Forschung und Bildung.*

Kontakt:
Archiv der Jugendkulturen e. V.
Fidicinstraße 3
10965 Berlin
E-Mail: klaus.farin@jugendkulturen.de
Homepage: www.klaus-farin.de

EBERHARD SEIDEL, geboren 1955 in Sommerhausen/Franken, lebt seit 1977 in Berlin. Er ist Diplomsoziologe und Journalist. Seit den frühen 80er Jahren arbeitete er als freier Journalist für Zeitungen und Rundfunkstationen. 1987 gründete er die Monatszeitschrift *Vis á Vis - Kultur im Wedding*, 2005 *Q-rage* - die Zeitung des größten Schulnetzwerkes Deutschlands „Schule ohne Rassismus - Schule mit Courage". Ab 1990 Veröffentlichung zahlreicher Bücher und Aufsätze zu den Schwerpunkten Rechtsextremismus, Islamismus, Migration und jugendliche Subkulturen. Von 1997 bis 2002 war er Redakteur der *tageszeitung*, zuletzt als Leiter des Ressorts Inland. Seitdem ist er Geschäftsführer von „Schule ohne Rassismus - Schule mit Courage". Siehe auch: www.schule-ohne-rassismus.org. 1992 erhielt er den Journalistenpreis „Alltägliche Ausländerfeindlichkeit in Deutschland" der Industriegewerkschaft Medien.

Kontakt:
„Schule ohne Rassismus - Schule mit Courage"
Ahornstraße 5
10787 Berlin
E-Mail: eseidel429@aol.com

1. Auflage Februar 2012

Die Erstauflage erschien 1991 im Rotbuch Verlag, Berlin

Herausgeber:
Archiv der Jugendkulturen e. V.
Fidicinstraße 3, D – 10965 Berlin
Tel.: 030 / 694 29 34; Fax: 030 / 691 30 16
E-Mail: archiv@jugendkulturen.de

Vertrieb für den Buchhandel: Bugrim (www.bugrim.de)
Auslieferung Schweiz: Kaktus (www.kaktus.net)
Privatkunden, Mailorder und E-Book: www.jugendkulturen.de

Satz und Layout: Martin Gegenheimer, Conny Agel unter Verwendung eines Fotos von Metin Yilmaz/www.metinyilmaz.de
Druck: werbeproduktion bucher

ISBN Buch: 978-3-940213-67-9
ISBN E-Book: 978-3-940213-76-1
ISBN PDF: 978-3-943612-40-4

INHALT

FOKUS

Stammeskriege erschüttern europäische Metropolen. Ob London, Paris, Frankfurt, Leipzig oder Berlin: Überall bietet sich ein ähnliches Bild. Jugendbanden durchstreifen mit lautem Kriegsgeschrei und martialischem Outfit den Großstadtdschungel. Aufgeschreckte BürgerInnen verlangen nach Polizeischutz und verbarrikadieren sich in ihren Wohnungen. Die Rhythmen, die den multikulturellen Alltag begleiten, sind ihnen zu heiß. Die schrillsten und radikalsten Partituren werden augenblicklich im welthistorisch gebeutelten Berlin komponiert. Dort liefern sich, beschattet von deutschdeutschen Vereinigungen, multiethnische Streetgangs Straßenschlachten mit Skinheads, Neonazis und Polizisten.

Rivalisierende Gangs wandeln auf dem Kriegspfad. Sie kämpfen um Ruhm, Ehre und die Kontrolle über ihre Hoheitsgebiete. Mit Fahrradketten, nagelbespickten Baseballschlägern, Butterfly-Messern, Wurfsternen, Leuchtspurgeschossen, Molotowcocktails und asiatischen Kampfhölzern bewaffnet, ziehen sie in die Schlacht. Allein in Westberlin schlagen nach Schätzungen der Polizei mehr als 4.000 Jugendliche zwischen 14 und 25 Jahren brutal aufeinander ein. Zurück bleiben Blessuren, Schwerverletzte, mitunter selbst ein Toter. Verwirrend ist die Szene auch in Ostberlin, wie im Gebiet der ehemaligen DDR überhaupt. Niemand hat einen genauen Überblick, und Insider befürchten Schlimmstes für die Zukunft. Die lokalen Kriegshandlungen könnten sich zum epidemischen Flächenbrand ausweiten. Werden Riots und brennende Stadtteile – wie wir sie bereits aus Brixton, New York oder Lyon kennen – bald zum Alltag bundesrepublikanischer Großstädte gehören?

IRRITATIONEN

Soziologische, politologische, sozialpsychologische und ökonomische Theorieansätze werden bemüht, um den Ausbruch solcher Gewalt zu ergründen. Dennoch bleiben viele Fragen offen. Auch die Freunde klarer politischer Weltbilder stoßen schnell an Grenzen. Denn die Kämpfe der multikulturellen Streetgangs lassen sich dem Links-Rechts-Schema nicht einfach zuordnen. Täglich wechseln Kämpfer die Fronten. Wie ist der 17-jährige Mesut einzuschätzen? Erst prügelte er in einer Skinheadgruppe für Deutschland. Danach schließt er sich einer von türkischen Jugendlichen dominierten Streetgang an und vertritt jetzt die Meinung: „Nur ein toter Nazi ist ein guter Nazi.“ Ist Mesut eine moderne Wiederholung der Metamorphose des Saulus zu Paulus? Oder führt er den gleichen Kampf im verwandelten ideologischen Gewand? Was ist von den Skinheadjugendlichen zu halten, die einen Polizisten, der sie für die Republikaner anwerben wollte, wegen rechtsextremistischer Propaganda bei seinem Vorgesetzten anzeigen wollten? Oder von dem jungen Antifa-Aktivisten, der während seiner Undercover-Tätigkeit in einer rechten Gang bemerkt, dass ihm der Habitus dieser Jugendlichen viel näher liegt als die Einstellungen der intellektuelleren und in seinen Augen arroganten Antifas? Oder von den beiden BFC-Hooligans, die im Frühjahr 1990 gemeinsam mit anderen die autonomen Besetzer in der Mainzer Straße überfallen und knapp sechs Monate später bei der Räumung gegen die Polizei auf deren Seite stehen? Sind die Fights zwischen Hooligans, Skins, Faschos, Autonomen und multikulturellen Streetgangs tatsächlich ein Indikator für Ausländerfeindlichkeit, nationalstaatliche Regression und Polarisierung der Gesellschaft? Oder ersetzt die stammes-ähnliche Organisation die fehlenden Familienbindungen und sozialen Kontakte im Großstadtkiez?

Politiker, von denen Antworten auf die besorgniserregenden Tendenzen der Jugendszene erwartet werden, reagieren entweder mit staatlicher Repression oder winken in entnervter Hilflosigkeit ab. Häufig wird auf das quasi evolutionäre Entstehen von Jugendkulturen verwiesen, zu deren Selbstverständnis die Anwendung von Gewalt immer gehört habe: „Wilde Cliquen" in der Weimarer Republik, „Halbstarke" in den 50er Jahren, „Studentenunruhen" Ende der 60er Jahre, „Rocker" und „Punks" in den Siebzigern. Und jetzt eben Skins, Streetgangs, Hooligans. Nichts Neues also! Simplifizierende, historische Ableitungen wie diese verkennen jedoch die Brisanz und Sprengkraft der jüngsten Jugendbewegungen. Denn es macht einen gewaltigen Unterschied, ob Jugendliche ihre Feindbilder politisch motivieren, gegen das „Establishment", den „autoritären Charakter" und „die Reaktionäre" aufbegehren oder Jagd auf „Kanaken" machen. Erst seit Mitte der 70er Jahre bot die Immigration ausländischer ArbeitnehmerInnen erstmals wieder die Gelegenheit, Sündenböcke auch in der Bundesrepublik anhand rassistisch definierter Merkmale aufzubauen. Dass die Wirtschafts- und

Sozialpolitik frühzeitig von solchen Möglichkeiten Gebrauch machte, werden wir später zeigen.

Trotz des provokativen Rückgriffs auf nationalsozialistische Symbole bei rechten Jugendgangs ist weder Rassismus noch Nationalismus das Kernproblem rivalisierender Banden. In Wahrheit sind Hakenkreuze und SS-Runen allenfalls Anleihen, eher hilflose Orientierungsversuche gegenüber einer gesellschaftlichen Erfahrungswelt, die immer unübersichtlicher und befremdender geworden ist. Hinter den spektakulären Auftritten vermeintlicher Neonazis steckt daher nicht notwendigerweise ein neuer Faschismus. Sie sind vielmehr das Anzeichen eines ganzen Bündels von Problemen.

Freilich sind die Platzhirschrituale der Gangs ein Gradmesser für den aktuellen Entwicklungsstand der multikulturellen Gesellschaft. Die blutigen Gruppenkämpfe machen deutlich, wie konzeptionslos die Einwanderungspolitik der Bundesrepublik verfahren ist. Anders als die Generation der Erwachsenen können sich die Heranwachsenden der 80er und 90er Jahre um eindeutige Stellungnahmen zur Zukunft eines neuen, multiethnischen Deutschlands nicht mehr herumdrücken. Diese Jugendlichen spüren, dass der unangefochtenen Dominanz der Mehrheitsgesellschaft in Wirklichkeit die Stunde geschlagen hat. Und ihre „ausländischen“ AltersgenossInnen fordern die Bürgerrechte ein. Sie revoltieren gegen die eingewanderten Eltern, sind nicht mehr bereit, die Ausgrenzung aus der zweiten Heimat widerspruchslos hinzunehmen. Ihnen stinkt die gefügige Schicksalsergebenheit der gastarbeitenden Väter.

In der Zwickmühle stecken vor allem deutsche und türkische Jugendliche, die in Einwanderungsbezirken wie beispielsweise Wedding und Kreuzberg leben. Dort bildet keine der beiden gesellschaftlichen Gruppen eine Mehrheit innerhalb der Altersstufen der 15-20-Jährigen. Tragfähige Vorbilder und Modelle für ein Zusammenleben ohne Konflikte existieren nicht. Einerseits prallen die jeweiligen Wertvorstellungen und Weltanschauungen aufeinander, andererseits überschneiden und durchdringen sie sich bereits. So stellen sich den Jugendlichen tagtäglich sehr konkrete und praktische Fragen: Welche Umgangsformen sollen eigentlich zwischen uns gelten? Gibt es Verkehrsformen, bei denen abend- wie morgenländische Traditionen gleichberechtigt nebeneinander stehen? Wenn nicht, wer hat dieses Jugendzentrum in der Hand? Wer kontrolliert jenen Park? Um wen kümmern sich welche SozialarbeiterInnen? Folglich bestimmen tief greifende Konkurrenzen das Lebensgefühl einer ganzen Generation. Straßenkämpfe sind auch Entscheidungsschlachten um die Frage, wie das Verhältnis von Orient und Okzident auszubalancieren ist. Sie sind ein Streit, der die Grundlage zukünftiger Ausgestaltungen der multikulturellen Gesellschaft betrifft.

In den 90er Jahren rächt sich das Versäumnis der VertreterInnen einzelner ethnischer communities, denen es in den vergangenen 30 Jahren nicht gelungen ist, eine solidarische und konstruktive Streitkultur aufzubauen. Die Konsequenz des Versagens schildert Bruno Bettelheim unter psychologischem Gesichtspunkt: „Da sie es aufgegeben haben, nach Alternativlösungen zu suchen, oder besser gesagt, da sie überzeugt sind, dass es für sie keine andere Alternative gibt, sehen diese jungen Leute in der Gewaltanwendung einen raschen, beinahe magischen Weg zu Macht und Ansehen. Mit einem einzigen Akt von nicht vorausberechneter Intensität, der keinen anderen Zweck hat als den, sich selbst und anderen zu beweisen, dass man zu verbrecherischem Handeln fähig ist, versuchen Bandenmitglieder, sich von ihrer eigenen Existenz und damit andere von ihrer Macht und Stärke zu überzeugen."

Die multikulturellen Streetgangs sind allerdings auch Ausdruck eines neuen Selbstbewusstseins. In ihnen wird der Aufstand gegen den devoten Untertanengeist der Eltern organisiert. Mit Vehemenz kündigen die Kinder ihren Vätern die Gefolgschaft auf. Das Denkmal des allmächtigen Patriarchen gerät in türkischen und arabischen Familien kräftig ins Wanken. Die Straßenkämpfe sind Fingerübungen für ein fälliges Zerstörungswerk. Der kollektive Vatermord, den die bundesrepublikanischen Jugendlichen in den Jahren nach 1968 begangen haben, steht den EinwanderInnen aus den islamischen Ländern noch bevor. Diskutiert wird er bereits in aller Offenheit. Mehmed, 20 Jahre alt, Mitglied der Alis, über die nächsten Aktionsziele seiner Gang: „Im Moment denken wir darüber nach, die Teehäuser unserer Alten platt zu machen." Mehmed und seine Freunde kochen vor Wut über Väter, „die den ganzen Tag im Teehaus rumhängen, sich alles von den Deutschen gefallen lassen und den Arsch nicht hochkriegen". Allerdings ist die Zeit für den „Vatermord" noch nicht reif. Vorerst werden die Attacken gegen den tyrannischen, autoritär-patriarchalen und nationalistischen Vater, der sich der ungetrübten Teilhabe am german way of life nicht selten in den Weg stellt, noch umgeleitet und die Baseballschläger treffen den Skin.

OBJEKT REVOLUTIONÄRER BEGIERDEN

Die militante Entschlossenheit, mit der sich Straßenbanden türkischer Jugendlicher den „Nazis" entgegen werfen, nötigt der radikalen Linken Bewunderung ab. Endlich scheint die jahrelange Forderung der Autonomen – „Bildet Banden!" – auf offene Ohren zu stoßen. So stellen sich Antifas schützend vor die multikulturellen Streetgangs und unterstreichen deren emanzipatorischen und antifaschistischen Charakter. „Gangs, Banden, Cliquen usw. waren für uns schon immer eine Möglichkeit, uns ohne Kontrolle und unabhängig zu organisieren, um so zu leben, wie wir wollen", heißt es in ihrem Jugendinfo. Berichten selbst fortschrittliche Zeitungen einmal über die Opfer der Gangs, wird dies schnell als Verrat verunglimpft: „Ziel dieser Kampagnen ist, die Abwehrmechanismen der Jugendlichen zu sprengen, die sich (auch wenn mit fehlendem Bewusstsein und fehlerhaften Vorstellungen) organisieren, um ihr Leben gegen Neonazis zu schützen."

Mit einfühlender Geduld und pädagogischem Verständnis umwirbt die Antifa-Jugend die Gangs, „um gemeinsame Strategien des Kampfes zu entwickeln". Doch bei so viel revolutionärem Eifer werden kleine Schönheitsfehler gerne übersehen. Kein Wort der Trauer, keine moralische Entrüstung, als am 27. Juli 1990 der 18-jährige Berlin-Besucher aus Dresden Jens Zimmermann von Mitgliedern einer Streetgang mit Baseballkeulen zusammengeschlagen und ausgeraubt wird. Zwei Tage später erliegt er seinen Verletzungen. Einige türkische und deutsche Jugendliche waren auf den Teenager aus Sachsen losgegangen, weil sie ihn für einen „Skinhead" gehalten hatten.

Mehr Glück hatte ein Ostberliner Glatzkopf, der auf dem Heimweg plötzlich von einem VW-Bus überholt wurde. Der Wagen stoppte und mehrere, mit Knüppeln gut ausgerüstete, vermummte Schwarzgekleidete sprangen heraus. In letzter Sekunde entdeckten sie auf der Bomberjacke des „Faschos" einen schwarz-weißen Aufnäher: „Skinheads Against Racial Prejudice". Skins gegen Rassismus. Frustriert zog das autonome Prügelkommando von dannen.

Mit kleinen, militanten Coups versucht die Antifaşist Genclik (antifaschistische Jugend) bei den anderen Gangs Eindruck zu schinden. Noch vor Beginn der „Deutschland-halt's-Maul"-Demo durchbricht sie Knüppel schwingend eine Polizeikette, die Taschenkontrollen durchführt. Gleichzeitig ruft ein Agitator die Black Pantheler, Gianteler, Street Fighteler durch das Megaphon auf, sich unter der Fahne der erfahrenen Führung der Antifaşist Genclik zu sammeln. Niemand jedoch fühlte sich angesprochen. Ähnliche Erfahrungen musste bereits Kreuzbergs vereinigte autonome und revolutionäre Linke am 1. Mai 1990 machen. Die Reihen fest geschlossen, Lederjacke an Lederjacke, brüllen die Jungs und Mädels der in die Jahre gekommenen Streetfighter-Front brav ihr „Schwarz-Rot-Gold ist das System - Morgen wird es untergeh'n". Bewegung bringen allerdings die türkischen Kids in das ritualisierte und erstarrte „Zerschlagt-das-Schweinesystem"-Spiel. Zu Hunderten durchstreifen sie den Demo-Zug, tauchen unvermutet an der Spitze und dann wieder am Ende des Zuges auf. „Reiht euch in den Demo-Zug ein! Bildet Ketten! Bleibt dicht zusammen, damit euch die Bullen nicht provozieren können!" - Die Ermahnungen und Belehrungen aus dem Lautsprecherwagen des kampferprobten „Schwarzen Blocks" lassen die Streetgangs kalt. Ihnen dienen die zehntausend Gegner des vereinten Deutschlands als Laufsteg. Die Scottis, Mehmets, Jacksons aus den innerstädtischen Hinterhöfen und den seelenlosen Betonsilos der Trabantenstädte wissen, was das Publikum erwartet. Breitschultrig, die Augen zusammengekniffen, suchen sie das Weiße in den Pupillen der Polizisten. Dem abgeschlafften, durch jahrelangen Alkohol- und Nikotingenuss gezeichneten Autonomen, der sich mit wattierter Lederjacke und obligatorischer Lederhose noch einigermaßen in Form hält, stehlen sie die Show. Ein triumphaler Einstieg für ein neues Subjekt revolutionärer Begierden und Sehnsüchte.

AUF DER SUCHE NACH DER KRIEGSERFAHRUNG

Als sich der Demonstrationszug auf dem Festplatz verkrümelt und seine TeilnehmerInnen sich langsam zudröhnen, drehen die Kids auf. Knapp zweihundert versammeln sich im Schatten der Emmaus-Kirche, um Kriegsrat zu halten. „Glatzenjagen" im Süden Berlins ist angesagt, so die offizielle Begründung der Jugendlichen. Der wirkliche Verlauf des Feldzuges gewährt Einblick in die Vielschichtigkeit ihrer Kämpfe. Aşkin von den Ramones lässt Dampf ab: „Der 1. Mai ist Freiheit, Arbeitertag. Für uns bedeutet er jetzt auch Demonstration gegen das neue Ausländergesetz. Dagegen sind wir. Wir werden wie die Tiere behandelt. Das ist nicht gut, Kollege. Wir bezahlen genauso Steuern wie ihr, also haben wir das Recht, hier zu leben. Deine Mutter lebt vielleicht im Altersheim von meinen Steuern."

Ein anderer liefert die religiöse Variante: „Also die Nazis hier haben am letzten Freitag in Kreuzberg eine Moschee überfallen und den Frauen die Tücher vom Kopf gerissen." Sein Kumpel überzeugt die letzten Zweifler und packt sie am nationalen Ehrgefühl: „In Lichtenrade gibt es einen türkischen Kollegen, der musste sein Geschäft zwei Monate schließen und dann an einen Deutschen verkaufen, weil er von Skinheads mit dem Messer bedroht wurde." Die Nachricht kommt vor allem bei jenen an, die das Eröffnungsgebet türkischer Schulen noch im Ohr haben: „Ich bin Türke, ich bin aufrichtig, ich bin fleißig. Mein Gesetz ist: die Kleinen zu beschützen, die Großen zu achten, mein Vaterland, meine

Nation aus meinem Innersten zu lieben. (...) Welches Glück, ‚ich bin Türke' sagen zu können!"

Unter „Nazis-raus!"- und „Türkiye, Türkiye"-Rufen machen sich die angeheizten Youngster auf den Weg. Angeführt wird die Truppe von einem Zwanzigjährigen, der mit allen Insignien der Macht ausgestattet ist: malerisch-rotes Militärbarett auf dem Kopf, den türkischen Halbmond in Form eines Amuletts am Hals, einen deutschen Schäferhund an der Leine und einen 14-jährigen Lakaien zur Verfügung. Beide folgen ihrem Herrn bei Fuß. Kurz bevor die vereinigten Gangs einen Bus kapern, der sie zum Einsatzort bringen soll, hält der Boss eine feurige Rede: „Also Jungs. Wir ficken zurück. Wir machen sie alle. Wenn schon, denn schon. Wir machen sie klein, so wie sie uns klein gemacht haben." Nach dem flammenden Plädoyer reicht der Adjutant seinem Führer untertänigst die Hundeleine.

Endstation Nahariyastraße, Ecke Skarbinastraße. Knüppel schwingend stürmen die Jugendlichen aus dem Wagen und suchen Skinheads. Angst und Schrecken bricht unversehens in die Feiertagsidylle ein. Mütter rennen auf den Spielplatz, um ihre Kinder in Sicherheit zu bringen. Ungläubig starren Bewohner des Viertels von den Balkonen. Zuerst werden die Scheiben einer Edeka-Filiale entglast. Molotowcocktails fliegen hinterher, zünden aber nicht. Die Gangs verteilen sich auf das ganze Viertel, verschwinden zwischen den Hochhäusern. Skinheads sind nirgends zu sehen. Dafür nimmt eine mit Eisenstangen, Gaspistolen und Holzprügeln bewaffnete Bürgerwehr die Verfolgung der überwiegend türkischen Kids auf. Die BewohnerInnen des Blocks, von denen bei der Abgeordnetenhauswahl im Januar 1989 jede/r siebte die Republikaner gewählt hatte, waren auf den Besuch der

Jugendlichen vorbereitet. Viele empören sich über das Verhalten der Polizei. „Es ist eine Sauerei. Die Polizei hat uns vor zwei Stunden entwaffnet und behauptet, die Kanaken würden nicht kommen. Wir wollen keine Ausländer hier. Unsere Straße bleibt sauber. Wir leben seit 14 Jahren hier. Nun kommen die Türken und machen alles kaputt."

Bei diesem Geländespiel hat die Polizei von Beginn an die Lage im Griff. Unter dem Beifall einer aufgeputschten, schaulustigen Menge werden zwölf Jugendliche festgenommen und vor den ramponierten Supermarkt geführt. Kids aus der Gegend geben ihre Darstellung der Auseinandersetzungen. Ein Mädchen: „Der Ärger fing damit an, dass die Beate ihren Kanakenfreund hier angeschleppt hat. Seitdem gibt es Zoff mit den Türken." Andere Jungs, die mit den Gangs im Clinch liegen und um die „Bräute" aus dem nahen Jugendzentrum balzen, versuchen dennoch die festgenommenen Jugendlichen freizuboxen. Der Hass gegeneinander ist noch nicht derart grenzenlos, dass man seinen „Todfeinden" den Knast wünscht. Treuherzig versichern sie der Polizei, dass dieser und jener an der Action nicht beteiligt waren, sondern die ganze Zeit mit ihnen zusammengestanden haben. Offizieller Polizeikommentar zu den Hintergründen der Randale: Ein türkischer Jugendlicher wurde von Jugendlichen in eine Mülltonne geworfen, nachdem es Streit um Mädchen gegeben hatte. Auch das beleuchtet eine Komponente der Bandenkriege: In den Einwandererbezirken und -städten ist die Sexualökonomie innerhalb der Jugendszenen im Ungleichgewicht. Die Mehrheit der Mädchen aus Immigrantenfamilien wird bis zu ihrer Heirat aus dem Verkehr gezogen. Damit kommt es für die Jungs zu empfindlichen Einschränkungen des Angebots auf dem Beziehungsmarkt, was den Konkurrenzkampf drastisch verschärft.

Unverzichtbar ist die Polizei auch bei den allwöchentlichen Prügelorgien der Hooligans. Kaum eine militante Gruppierung fordert die Staatsräson derzeit so stark heraus wie die Fußballrowdies. Ein Traum aller linken Streetfighter scheint Wirklichkeit geworden zu sein. Tausende von PolizistInnen sind an jedem Bundesligawochenende von Flensburg bis München damit beschäftigt, die jungen Herren mit den schicken Designerklamotten davon abzuhalten, aufeinander einzuprügeln. Hooligans zerstören eines der letzten Tabus dieser Gesellschaft – die physische Gewalt, die pure Lust auf Randale. Sie machen die hinter den Kulissen bürgerlicher Familieneintracht gewöhnlich versteckte Gewalt öffentlich, tragen sie auf die Straße und in die Fußgängerzonen der Städte zurück. All dies *without cause*. Denn weder von Arbeitslosigkeit noch von anderen Benachteiligungen sind die Hooligans besonders betroffen. Sie gröhlen „Sieg Heil!" und verprügeln Neonazis. Sie begehren gegen eine Spießerwelt auf, der sie fünf Tage in der Woche gerne angehören. Ihr Lieblingssatz lautet doch: „Wir sind unpolitisch."

MULTIKULTURELLE STREETGANGS

Wenn sie aus dem Gefängnis kamen,
zogen sie in den Bars stolz Zeitungsausschnitte hervor:
Berichte über ihre Festnahmen und die Gerichtsverhandlungen.
Die Jungs trugen sie sehr sorgfältig zusammengefaltet
in Umschlägen bei sich wie Schauspieler Kritiken.
Publicity bedeutet alles. Wenn der Name in der Zeitung stand,
existierte man.
Und ein Foto bedeutete Unsterblichkeit.
Arthur Miller, Zeitkurven

1953 studierte Arthur Miller das Leben der Streetgangs in Brooklyn. In Bay Ridge, einem weißen Slum, in dem EinwanderInnen aus Irland und Italien, norwegischer und deutscher Herkunft lebten, wurden sie zum öffentlichen Ärgernis. Krawalle beunruhigten die BürgerInnen. Die Gangs lieferten sich Straßenschlachten, legten Feuer in Fluren, Fahrstühle wurden zerstört, Fenster eingeschlagen, Fäkalien in Treppenhäuser geschüttet.

In der Nähe des weißen Slums befand sich das schwarze Ghetto – Bedford Stuyvesant. „Rassenkonflikte" waren allerdings noch nicht das Problem: „Hin und wieder kamen sogar junge Schwarze mit der U-Bahn, um sich an einer Schlägerei zwischen den Weißen zu beteiligen, weil es bei ihnen zu Hause zu ruhig war. Natürlich bekriegten sich die schwarzen Jugendbanden ebenso wie die weißen und aus keinen besseren Gründen. Der Kampf war teilweise deshalb so verwirrend, weil es dabei überhaupt nichts zu gewinnen gab. Die Sinnlosigkeit ihrer Kriege gab den Jugendlichen ein gewisses perverses Gefühl von Würde, so als setzten sie sich stolz über die gesellschaftliche Bilanz von Gewinn und Verlust hinweg." Die New Yorker Streetgangs jener Zeit hatten, vergleichbar den Gangs der 80er und 90er Jahre in der Bundesrepublik Deutschland, wenig mit den Jugendbanden gemeinsam, die wir heute aus Neapel, Kolumbien, Los Angeles oder Brasilien kennen. Weder hatten sie einen hohen Organisationsgrad noch war ihr Handeln gezielt auf kriminelle Aktionen ausgerichtet.

DAS VORBEBEN

Zwanzig Jahre später, 1973, wiederholt sich die von Arthur Miller beschriebene Szene im Berliner Norden. Wieder sind es die Kinder von EinwanderInnen, die sich zu Streetgangs zusammenschließen. Dieses Mal kommen sie aus der Türkei. Ihr Kiez, Wedding-Gesundbrunnen, ist das größte innerstädtische Sanierungsgebiet in Europa. Ein heruntergekommener, für den Abriss bestimmter Slum. Auf der Suche nach billigem Wohnraum ziehen immer mehr ImmigrantInnen zum „Wohnen auf Abriss" in Bruchbuden, die ihnen die deutschen Familien gerne überlassen. Alteingesessene Facharbeiter, kleine Angestellte und aufstrebende Beamtenfamilien kehren dem Stadtteil den Rücken. Ihre proletarische Vergangenheit lassen sie in den feuchten und verkommenen Weddinger Wohnungen zurück. Vor ihnen liegt eine scheinbar glänzende Zukunft. Es sind die Jahre, in denen die SPD „mehr Demokratie" verspricht. Sozialer und ökonomischer Aufstieg scheinen machbar. Als vermeintliche Gewinner des Wirtschaftswunders ziehen sie in die Schlafstädte des Märkischen Viertels und der Gropiusstadt – Sinnbilder des „sozialdemokratischen Rationalismus". Zehn Jahre später erwachen die kleinbürgerlichen „Aufsteiger" ernüchtert aus ihrem Traum. Wenige der in den 70er Jahren geweckten Hoffnungen haben sich erfüllt. Im Gegenteil. Massenarbeitslosigkeit, überhöhte Mieten und Unsicherheiten über die berufliche Zukunft ihrer Kinder bestimmen das Lebensgefühl. Immer häufiger stehen sie nun mit den EinwanderInnen in Konkurrenz um Arbeitsplätze und Wohnraum. Die Gesellschaft polarisiert sich. Auf den ersten Blick nicht mehr entlang traditioneller Klassenschranken, sondern entlang ethnischer Grenzziehungen. 1989 verschaffen die „Enttäuschten" ihrem Ärger schließlich politischen Ausdruck. Bei den Wahlen zum Berliner Abgeordnetenhaus vom 29. Januar 1989 geben etwa 20 Prozent von ihnen ihre Stimme den Republikanern.

1973 ist diese Entwicklung nicht abzusehen. Die Lebensplanungen der deutschen und türkischen Familien tangieren einander kaum. Der klassische, türkische Familienverband scheint noch in Ordnung und ein Hort sozialer Stabilität zu sein. Ausländerfeindlichkeit, Konkurrenz um Arbeitsplätze und Wohnraum prägen das Klima in der Stadt noch nicht.

Dennoch ist das Jahr 1973 eine geschichtliche Zäsur für die Bundesrepublik Deutschland. Angesichts der Krise auf dem Weltmarkt verhängt die Bundesregierung einen bis heute gültigen Anwerbestopp. Auch die „Gastarbeiter" – vor allem aus der ökonomisch darniederliegenden Türkei – reagieren auf die ausbrechende Weltwirtschaftskrise. Zu Hunderttausenden lassen sie ihre Frauen und Kinder im Zuge der „Familienzusammenführung“ nachkommen und machen die Bundesrepublik unwiderruflich zum Einwanderungsland.

Einer von ihnen ist der damals 16-jährige Enver. Ohne Vorbereitung wird er von einem Tag auf den anderen aus der autoritär-patriarchalen Welt Anatoliens in die hochentwickelte Industriegesellschaft versetzt, in der die Jugend gegen die Konventionen und Werte der Elterngeneration rebelliert. Kaum in Wedding-Gesundbrunnen angekommen, gründet Enver mit Jugendlichen, die in der gleichen Lage sind wie er, eine Gang. Nur mit ihr, so scheint es, lässt sich ein letztes Stück der alten Identität bewahren.

„Vieles von der deutschen Kultur konnten wir überhaupt nicht verstehen. Vor allem die Beziehungen zwischen Männern und Frauen waren für uns schlimm. Wir hatten zwar auch deutsche Freundinnen, aber wir verstanden nicht, dass Frauen die Möglichkeit hatten, mit verschiedenen Männern zu schlafen. Da wir kaum Deutsch sprachen, konnten wir nicht über unsere Probleme reden, also machten wir unserem Unmut in Schlägereien Luft.“ Schon bald kontrolliert die Bande die Jugendszene im Kiez. „Jeder, der uns schräg anguckte oder beleidigte, bekam Schläge.“ Die Gang terrorisiert türkische und deutsche Geschäftsleute in der Nachbarschaft, bedient sich kostenlos und spart nicht mit Drohungen. Niemand, der sich um die desorientierten Jugendlichen gekümmert hätte. Als sich die Stadtteilinitiative „Putte“ um Kontakte zu den aggressiven Jugendlichen bemüht und für die Arbeit mit ihnen ein Haus besetzt, reagieren provinzielle Bezirkspolitiker mit der Ignoranz der Mächtigen. Im April 1974 wird das Haus von einem riesigen Polizeiaufgebot geräumt und abgerissen.

Die Streetgang versucht ihren Einflussbereich auf die Discotheken der Innenstadt auszudehnen. Schutzgelderpressungen gehen schief. „Wir hatten uns übernommen. Andere, besser organisierte Gruppen aus der Unterwelt machten uns unsere Grenzen schnell klar." Nach ein paar Jahren löst sich die Bande auf. „Wir waren älter geworden, gründeten Familien und dachten über viele Dinge anders." Es war eine relativ harmlose und vorübergehende Episode, die sich 1973 im Berliner Norden abspielte. Ein Vorbeben.

Die Mehrheit von Envers „Kampfgefährten" schottet sich von den Deutschen ab. Sie meiden die Deutschen, die sie als „Gavur", als Ungläubige, sehen und nicht selten verachten. Sie bleiben auf Distanz zum „german way of life" und versuchen, ihre Kinder so gut es geht vor dem verderblichen Einfluss zu schützen. Ihre Kontakte beschränken sich auf die Familie, nähere Bekannte und Verwandte. Türkischer Chauvinismus, Religion und Nationalismus stehen für Enver zwischen seinen Landsleuten und den Deutschen. „Nur eine Minderheit schaffte es im Laufe der Jahre, mit der deutschen Gesellschaft klarzukommen."

AUF DEM WEG IN DEN UNTERGRUND

In diesem von Restberlin abgeschotteten Milieu werden 1973 Boyraz, Rocky und Ego geboren. In ihrem Kiez rund um den Nauener Platz wohnen nur wenige Deutsche. Die drei hängen fest in einem dichten Verwandtschaftsnetz. Viele Einwandererfamilien verpflanzen ihr Beziehungsgeflecht direkt aus Anatolien in den Wedding. So ist es kein Zufall, dass die Eltern von Boyraz, Rocky und Ego alle aus Kayseri kommen, einer rechtskonservativen, inneranatolischen Provinzstadt.

1987 gründen die Jungs die Black Panther. Im Januar 1990 tritt die Streetgang aus ihrem Schattendasein und wird über Nacht berühmt. Sie liefern sich einen erbitterten Bandenkrieg mit den 36-Boys, der einflussreichsten Gang türkischer Jugendlicher in Kreuzberg, die sich ihren Gruppennamen nach dem Postzustellbezirk gab. Am 13. Januar kommt es zum großen Showdown. Mitglieder der 36-Boys stechen zwei Black Panther nieder. Hintergrund der Auseinandersetzung: der Kampf um die Vorherrschaft in ein paar Discotheken am Kurfürstendamm. Auf der Strecke bleibt Ömer, der mit aufgeschlitzter Wange und schweren Stichverletzungen in die Intensivstation eingeliefert wird. Mühelos mobilisiert die 70-köpfige Gang 150 Jugendliche. Brüder, Onkels, Cousins und Nachbarn schließen sich dem Rachefeldzug an. Blutzoll wird gefordert. Mit Messern und Gaspistolen bewaffnet ziehen sie aus dem Berliner Norden Richtung Kudamm, um sich mit den Kreuzbergern eine Entscheidungsschlacht zu liefern. Nur ein massives Polizeiaufgebot verhindert an diesem Tag Schwerverletzte und Tote.

Es ist eine verwirrende Szenerie, die da die nächtlichen Straßen Berlins unsicher zu machen beginnt. Eine aufgeregte Journaille, auf der ständigen Suche nach dem Neuen und Spektakulären, fliegt in die Stadt ein und geht den Jungs kräftig auf den Leim. So überrascht die Illustrierte *Quick* im Mai 1990 ihre Leser mit der Reportage „Am Sonntag machen wir die Skinheads platt“. Ein Foto zeigt das vernarbte Gesicht Ömers. Bildunterschrift: „Es waren Skinheads, die ihn mit Messern quälten.“ Ömers Kommentar: „Wie wirkt denn das in der Öffentlichkeit, wenn da stünde, Türke sticht Türken ab.“

Als Boyraz, Rocky und Ego 1987 die Black Panther gründeten, stand die Abwehr von Skinheads tatsächlich im

Vordergrund. Noch heute hält Rocky an dieser Legende fest: „Die Rivalitäten mit anderen Gangs sind Kleinigkeiten. Eigentlich sind wir gegen Skinheads." Abwehr von Übergriffen deutscher Rassisten und Nationalisten sowie eigene Rassismen und Nationalismen ergeben eine brisante Mischung an Gefühlen. „Die Türken haben einmal halb Europa beherrscht. Ich wünsche mir eine große und starke Türkei zurück. Wir wollen zeigen, dass wir keine Feiglinge sind. Also bin ich stolz, ein Türke zu sein", erklärt Boyraz.

Viele der Black Panther tragen den türkischen Halbmond an Halskettchen oder als Aufnäher auf ihren Bomberjacken. Für xenophile Beobachter der Szene ein Beweis, dass die in Berlin geborenen Jugendlichen aufgrund der Diskriminierung ihr Heil in einem übersteigerten Nationalgefühl suchen. Die schnelle Schuldzuweisung an die Mehrheitsgesellschaft beschreibt allerdings nur einen Teil der Wahrheit. Sie verleugnet das Eigenleben und den Anteil rechtsextremer Dispositionen der türkischen EinwanderInnen, die sie über die Jahre der Migration in die Diaspora hinübergerettet haben. Kadir Kaynak, Mitarbeiter des jugendpsychiatrischen Dienstes in Kreuzberg, schätzt den Anteil der türkischen Bevölkerung mit rechtsextremer Einstellung in Berlin auf „etwa 50 Prozent."

Als die „Arbeitsgruppe Vorbeugung" der Westberliner Polizei ein Treffen zwischen Vertretern der rechtsradikalen Nationalen Alternative aus Ostberlin und einigen Black Panthern organisiert, entdeckten die Todfeinde viele Gemeinsamkeiten. Andreas, Skinhead, Hausbesetzer und Mitglied der NA: „Dann haben wir noch entdeckt, dass Deutsche und Türken im ersten Weltkrieg Waffenbrüder waren. Also, das war wunderbar." Auch Rocky fand die Leute der NA in Ordnung:

„Die haben uns gesagt, dass sie eigentlich nichts gegen Türken haben, sondern nur gegen Linke und Schlitzaugen."

Trotz scheinbar unüberbrückbarer Gegensätze haben die Black Panther viele Verwandtschaften zu Skinheads und Rechtsradikalen: Männlichkeitswahn, rassistische Sichtweisen, die die moralische Überlegenheit des eigenen Volkes unterstreichen, Betonung des Rechts des Stärkeren, extreme Ehrsucht, eine hohe Gewaltbereitschaft und der Hass auf alles Fremde und Unbekannte. Anders als ihre Väter und Mütter, die sich im Laufe der Jahre daran gewöhnten, mit gesenktem Blick durch das Sündenbabel Berlin zu laufen, sind die Jungtürken nicht mehr bereit, in ihren Augen normabweichendes Verhalten hinzunehmen. Mangels Skinheads in ihrem Kiez haben die Black Panther nun die Schwulen im Visier. Boyraz: „Schwule sind anormale Menschen. Ich hasse so etwas. Auf der Erde soll kein Schwuler sein. Sie haben mich auch schon angemacht. Deshalb kriegen sie eins auf die Fresse." Ego bläst ins gleiche Horn: „Es ist schlecht, wenn zwei Schwule Hand in Hand durch die Straßen laufen und sich vielleicht auch noch abknutschen. Stell dir vor, da kommt eine Mutter mit ihrem kleinen Kind vorbei und sieht das. Wo kommen wir da hin, wenn das jeder macht."

Boyraz, Rocky und Ego legen Wert darauf, saubere und ordentliche türkische Jungs zu sein. Sie verachten abgrundtief Mädchen, die nächtens durch die Straßen ziehen. Für Boyraz stürzte eine Welt zusammen, als er beobachtete, wie sich die Ghetto Sisters mit den Mafia Girls prügelten. „Die haben sich vor einer Moschee mit Messern und Tränengas geprügelt. Türkische Mädchen prügeln sich vor einer Moschee! So eine Schande! Ich habe mich zum ersten Mal als Türke richtig geschämt. Ein türkisches Mädchen hat zu Hause bei seiner Mutter zu bleiben und sich nicht draußen rumzuprügeln."

Die Jungs wachen streng über die Familienehre. Rocky lässt keinen Zweifel daran, wie er mit seiner Schwester verfahren würde, falls sie auf die Idee käme, mit einem Jungen herumzuziehen: „Ich würde sie gleich abstechen. Das steht so im Koran. Das würde ich wirklich machen."

Das Zölibat gilt natürlich nicht für die drei. Rocky nimmt, „was der Markt hergibt, egal, ob deutsche, arabische, jugoslawische oder türkische Mädchen". Sie sind für ihn ohnehin nur „Bettunterlage". Boyraz: „Ich schwör's. Liebe gibt es nicht. Nur vögeln, weiter nichts." Für Ego gibt es echte Freundschaft nur unter Jungs. „Mädchen sind halt Abfallprodukte, die zum Leben dazugehören." Liebe, das sei doch nur ein Bluff, um die Mädchen einzuseifen. „Endstation ist sowieso das Bett oder der Park."

Ideologische Aufrüstung für ihren Kampf gegen das Böse in der Stadt holen sich die Black Panther beim Freitagsgebet in der Moschee. Gepflegt angezogen und ohne Waffen treten sie vor die Augen ihres Hodschas. Die nationale und religiöse Standfestigkeit der Streetgang entfachte die Begeisterung der im Wedding angesiedelten faschistischen Grauen Wölfe. Hin und wieder laden sie Mitglieder der Gang ein, um über mögliche gemeinsame Aktionen zu beraten. Boyraz: „Das sind korrekte Jungs. Aber die sind uns zu politisch, wir sind das ja nicht."

Zu Hause akzeptieren sie die eiserne Hand des Patriarchen und erweisen Ehre, wem Ehre gebührt. Allein bei dem Gedanken, sie würden vor dem Vater oder älteren Bruder rauchen oder ihnen gar widersprechen, erröten die drei Jungs. Tauchen Probleme auf, werden sie nicht in der Familie diskutiert, sondern auf der Straße gelöst. Zum Beispiel die Geldprobleme. Boyraz: „Wenn wir Geld brauchen und zu unseren Eltern gehen, dann geben sie nicht, was wir wollen, und wir müssen das mit der Cash-Mafia klar machen."

Die Cash-Mafia ist die Elitetruppe der Gang. In sie werden nur handverlesene Mitglieder aufgenommen. Man ist zuständig für die Finanzierung der Freizeitaktivitäten. Boyraz: „Wir machen alles Mögliche. Überfälle auf Läden, Taschenraub von alten Damen, Besoffenen und schwulen Säuen." Ego sieht darin nichts Verwerfliches. „Die Cash-Mafia macht das in einer Art Robin Hood. Sie bewahrt das Geld nicht auf, sondern verteilt es unter den Kumpels. Das Geld muss nur seinen Besitzer wechseln, ohne ihm weh zu tun, sonst gar nichts." Das Selbstbildnis ist trügerisch, und gelegentlich kommt es zu „Pannen". Als drei Black Panther im Mai 1990 eine Spielhalle ausrauben wollen, setzt sich der Geldwechsler zur Wehr. Er wird erstochen.

Machogehabe, Geltungsbedürfnis und die Sucht nach Ruhm gehen eine tödliche Liaison ein: „Wir haben jeden Tag Raub gemacht. Dann haben wir uns gesagt, das geht nicht mehr so weiter, wir müssen berühmt werden, nicht als Schläger, sondern als Räuber; da haben wir uns eben den Namen Cash-Mafia gegeben." Immer häufiger legen die Jungs der Cash-Mafia die Kampfmontur der Streetgang ab und spielen den Big Boss. In scharf gebügeltem Anzug, parfümiert und gepudert, drehen sie dann ihre Runden im Revier.

DIE FRÜHEN 80ER JAHRE

Was heute für Schlagzeilen sorgt, kündigte sich bereits seit 1982 an. Zwischen 1982 und 1985 gründen sich republikweit Streetgangs in den klassischen Arbeitervierteln der Städte. Die meisten von ihnen werden von jugendlichen

Einwanderern dominiert. Überall stecken sie ihre Reviere mit Graffiti ab. Ständig tauchen neue Namen auf. In Berlin sind es die Şimşekler, Belalilar, Earthquakes, Vulkanlar und Rambo-Boys. In der Hamburger Vorortschlafstadt Billstedt machen die Champs von sich reden. Neben diesen stehen die Streetboys vom St.-Pauli-Kiez, die sich langsam ins „Milieu" hochprügeln, die Nameless aus Wandsbek, die Doggys aus Eimsbüttel, die Rebels aus Harburg. Im November 1984 überblickt das Fachkommissariat „Straftaten junger Gewalttäter" etwa 20 Gangs in der Stadt.

Endlich, so scheint es, hat eine vergessene und stumme Generation ihre Bühne gefunden. Plötzlich stehen sie im Scheinwerferlicht des öffentlichen Interesses. Die Vorbilder der Streetgangs kommen aus den Slums der USA. Der Film „Warrior" wirkt als Katalysator und bringt die Kids in Bewegung. Überall im Land entstehen deutsch-türkische „Ableger" der acht Slumkids, die sich in „Warrior" mit Baseballschlägern durch die Stadt prügeln, gejagt von rivalisierenden Gangs. In Duisburg-Hamborn geben Black Hands und Aposlar den Ton an. In Frankfurt zählt die Polizei im Herbst 1984 etwa 30 Gruppierungen.

Anders als ihre Vorläufer Mitte der 70er Jahre sind die Streetgangs nun auch eine Reaktion auf die zunehmenden Ressentiments gegenüber den Immigranten. Das so genannte „Ausländerproblem" avancierte inzwischen zum innenpolitischen Dauerbrenner. Verschiedene Mitglieder Hamburger Gruppen machen 1983 auf dem SDAJ-„Festival der Jugend" in Dortmund mit einem Stand auf sich aufmerksam. Motto: „Streetgangs gegen Ausländerfeindlichkeit". Als die Übergriffe fremdenfeindlicher Jugendcliquen wie der Savage Army oder der Skinheads zunehmen, versuchen die St. Pauli Streetboys 1983 die rivalisierenden Gangs zur United Gang zusammenzufassen. Aber der „Verteidigungswunsch" als Motiv der Ganggründung bleibt bei den meisten sehr diffus. Das politische Bewusstsein vieler Gangs ist oberflächlich und die Koalitionen sind nur von kurzer Dauer. Machismo und Allmachtsgelüste gewinnen immer wieder die Oberhand. Im August 1983 gehen die St. Pauli Streetboys und Jacksons gegen die Punks vor, mit denen sie sich noch ein Jahr zuvor gemeinsam gegen Übergriffe der HSV-„Löwen" zur Wehr gesetzt hatten. Mit Stöcken und alten Wasserrohren schlagen sie alles nieder, was nach Punk aussieht. Fünf Jahre bleibt es still um die Streetgangs. 1989 melden sie sich lautstark in der Öffentlichkeit zurück. Unbemerkt haben sich die spontanen Ausbrüche der Jugendlichen zu einer Rebellion ausgeweitet. Es ist keine Randgruppe mehr, die da nächtens durch die Straßen zieht, Jagd auf „Glatzen" macht, Raubüberfälle und Schlägereien vom Zaun bricht, sondern eine breite, soziale Bewegung. Kein normabweichendes jugendliches Verhalten, sondern strikte Normalität. Ein dichtes Netz von Streetgangs durchzieht die bundesrepublikanischen Metropolen. Und bei weitem nicht alle folgen dem Kurs der Black Panther. Gangs mit prononciert antifaschistischem Bewusstsein stehen neben Streetgangs, die in erster Linie ihren Spaß suchen.

DIE TÜRKENMACHER

Die Ursachen, die zur Bildung der Streetgangs führten, sind so komplex wie die Szenerie selbst. Eines eint jedoch alle Gangs: die Kriegserklärung an die bundesrepublikanische Mehrheitsgesellschaft und die eigene Elterngeneration. Die Gewalt in den Straßen ist das Ergebnis der neokonservativen Politik der 80er Jahre. Die Wendepolitik richtete einen sozialpsychologischen Flurschaden an, dessen Ausmaß noch nicht zu überblicken ist. Politische Verwirrungen sind die unausweichliche Folge. „Wir müssen die Deutschen töten, bevor die uns töten." – Die Lehrerin einer deutsch-türkischen Grundschulklasse in Berlin-Kreuzberg traut ihren Ohren nicht. Zehnjährige Kinder sind davon überzeugt, dass die Deutschen ihren Familien, „so wie sie es früher mit den Juden gemacht haben", nach dem Leben trachten. Ein paar Straßenzüge weiter rennt der zwölfjährige Nazim mit Dolch und Beil bewaffnet durch Kreuzbergs Hinterhöfe. „Damit bringe ich Schweine um. Deutsche Schweine und Nazischweine."

Wie tief die Gräben zwischen EinwanderInnen und Deutschen bereits sind, wird am 29. Januar 1989 offenkundig. Die Berliner JungwählerInnen, die in den letzten 20 Jahren wie selbstverständlich mit Jugendlichen türkischer, jugoslawischer, griechischer oder arabischer Herkunft in Kitas, Vorschulen und Schulen heranwuchsen und schon deshalb als Hoffnungsträger für eine multikulturelle Gesellschaft gesehen werden durften, setzten ein überdeutliches Zeichen. Jeder fünfte Erstwähler und jede zehnte Erstwählerin votierten bei der Wahl zum Abgeordnetenhaus für die Republikaner und damit gegen die multikulturelle Gesellschaft. „Ausschlaggebend für meine Wahlentscheidung war die verfehlte Ausländerpolitik", erzählt Oliver, 19 Jahre, Gymnasiast an einer Weddinger Oberschule. „Jedes Mal vor der Wahl verspricht die CDU, dass sie das Asylrecht verschärft, dass sie die Zahl der nach Berlin kommenden Ausländer beschränkt. Aber dann hat sie fast nie etwas getan. Es tut sich ja nun endlich etwas." Ende der 70er Jahre geht die relativ friedliche Koexistenz zwischen InländerInnen und EinwanderInnen zu Ende. Die Mehrheitsgesellschaft kündigt den „GastarbeiterInnen" die Freundschaft endgültig auf. Sie werden zur ungeliebten

Erblast aus den Zeiten des „Wirtschaftswunders", die man nun möglichst „human" und „elegant" los werden möchte. Ein Bündel von Sondergesetzen wird verabschiedet. Die Zuzugssperre vom 1. April 1975 stigmatisiert die EinwanderInnen als soziale Belastung für Wohngebiete und suggeriert gleichzeitig, es gebe eine „natürliche Grenze" des sozial vertretbaren Anteils von EinwanderInnen in einer Region. Seit 1975 sind Wohngebiete mit einem AusländerInnenanteil von mehr als zwölf Prozent für Nicht-Deutsche gesperrt.

Ab 1980 geht es Schlag auf Schlag. Am 5. Oktober, drei Wochen nach dem Militärputsch in der Türkei, wird die Visumspflicht für türkische ArbeitnehmerInnen eingeführt. 1981, ein Jahr vor der „Wende" in Bonn, exerziert der CDU-Senat in Berlin die Gangarten einer konservativen Ausländerpolitik vor. Der Familiennachzug wird begrenzt und die Rechte der zweiten Generation werden eingeschränkt. Das Ziel: erhebliche Reduzierung der in Berlin lebenden AusländerInnen und weitere Verschlechterung des Rechtsstatus'. 1982 wird dies zur Bundespolitik. Arbeitslosigkeit, Teuerung und Einbußen des Lebensstandards breiter Bevölkerungsschichten haben nun einen Namen: „die Türken".

Innenminister Friedrich Zimmermann im Mai 1983: „Ein konfliktfreies Zusammenleben wird nur möglich sein, wenn die Zahl der Ausländer bei uns begrenzt und langfristig vermindert wird, was vor allem die großen Volksgruppen (Türken) betrifft." (In: *Das Parlament* 20/21, 21./28. Mai 1983, S. 13) Im Herbst 1983 versucht Zimmermann, die türkischen EinwanderInnen mit einer „Prämie" zur Rückkehr zu bewegen. Vielen Deutschen geht die Rückwanderung dennoch zu langsam. Es kommt zu einer Welle antitürkischer Übergriffe. Türken-Witze sind in. Im Dezember 1982 tauchen vielerorts Wandschmierereien auf: „Endlösung

Türkenfrage" – „Türken raus" – „Keine deutschen Frauen für Türken". Als die türkische Fußballnationalmannschaft am 26. Oktober 1983 im Berliner Olympiastadion gegen die bundesrepublikanische antritt, müssen Schutzpartnerschaften zwischen türkischen und deutschen Fans gegründet werden. Anders, so scheint es, lassen sich gewalttätige Angriffe deutscher Neonazis nicht verhindern.

Der offene Rassismus und die restriktive Flüchtlings- und Ausländerpolitik fordern die ersten Toten. Am 30. August 1983 stürzt sich Kemal Altun aus dem Fenster des Berliner Amtsgerichtes in den Tod. Hintergrund der Verzweiflungstat: Kemal Altun sollte trotz politischer Verfolgung in die Türkei abgeschoben werden. Am 21. Dezember 1985 kommt es in Hamburg zum Mord. Skinheads verfolgen den Türken Ramazan Avci, schlagen ihn nieder und zerquetschen ihrem wehrlosen Opfer den Schädel.

Die Volksparteien drücken sich vor einer inhaltlichen Auseinandersetzung mit dem Rechtsextremismus in der Bundesrepublik oder machen ihn sogar hoffähig. Kampagnen zur Einschränkung des Asylrechts ermutigen rechte Schlägertrupps. Überall in der Bundesrepublik machen Skinhead- und Neonazigruppen mobil. Auch in Berlin häufen sich rechtsradikale Übergriffe. Am Freitag, den 11. November 1987, postieren sich zehn Skinheads vor einem türkischen Imbiss in der Kreuzberger Dudenstraße und hindern die Kundschaft am Betreten des Lokals. Es ist die Zeit, in der in einer Berliner Mailbox ein „Anti-Türken-Test, Made in Buchenwald – Copyright 1986 by Hitler und Hess" auftaucht. „Mit diesem Programm können unsere deutschen Freunde feststellen, ob sie Türken mögen oder lieber ohne Kopf sehen würden." Antworten auf die „Testfragen" belohnt der Bildschirm mit „Bravo, Hitlerjunge!" oder „Falsch – ab nach

Auschwitz!" Streetgangs türkischer Jugendlicher gründen sich erneut in Neukölln, Kreuzberg, Wedding und dem Märkischen Viertel. Es sind noch kleine Gruppen, die sich erklärtermaßen gegen Skinheads schützen wollen.

Vier Ereignisse versetzen die EinwanderInnen in Berlin und in der Bundesrepublik 1989 in Angst und Schrecken.

→ Nach dem 29. Januar, als die Republikaner ins Abgeordnetenhaus einziehen, bekennen sich in den Schulen immer mehr SchülerInnen offen zu rechtsextremen Positionen. Zu diesem Zeitpunkt sind im Westteil der Stadt etwa sechshundert deutsche Jugendliche in rechten Skinheadgruppen organisiert. Bestimmte Stadtteile können von AusländerInnen nicht mehr betreten werden. Im März müssen U-Bahnhöfe in Gropiusstadt, beliebte Treffpunkte der Skinheads, durch die Polizei gesichert werden. Es sind die Monate, in denen die Türkiye Boys rund um den Nettelbeckplatz im Wedding aktiv werden. Mit einer zweifelhaften, aber erfolgreichen Methode drängen sie die Skins aus ihrem Kiez. Ein Gangmitglied: „Wenn irgendwo ein Skin auftauchte, haben wir ihm die Zähne eingeschlagen, den Ausweis abgenommen und gesagt, wenn du noch mal hier auftauchst, besuchen wir dich zu Hause."

→ Die Tage um den 20. April 1989 werden für die türkische Bevölkerung in der Bundesrepublik zum traumatischen Erlebnis. Zum 100. Geburtstag von Adolf Hitler kündigen Neonazis in Flugblättern Überfälle auf türkische Geschäfte und Einzelpersonen an. Erstmals seit ihrer Einwanderung trauen sich viele TürkInnen nicht auf die Straße. In Städten wie Hamburg und Berlin bleibt ein Drittel der Kinder aus Angst vor Pogromen dem Unterricht fern. Für die türkischen Jugendlichen Berlins ist dieser Tag ein

Fanal. Zu Hunderten organisieren türkische, arabische, jugoslawische und griechische Jugendliche die Selbstverteidigung ihrer Wohnbezirke. Dennoch kommt es zu vereinzelten Übergriffen. „Ich saß mit ein paar Jugendlichen im Park. Da kamen sie mit Eisenstangen und Baseballschlägern auf uns zu. Wir konnten gerade noch rechtzeitig flüchten, sonst hätten sie uns totgeschlagen." Für den 15-jährigen Mesut war dies der Grund, sich den Bulldogs anzuschließen.

→ Wenige Wochen später, am 12. Mai 1989, stirbt der Familienvater Ufuk Şahin an den Messerstichen eines wild gewordenen Deutschen im Märkischen Viertel, der Hochburg der Berliner Republikaner. Ufuk Şahins Verfehlung: sein orientalisches Aussehen. Für Kerim, 20, und seine Freunde ist das Grund genug, über die eigene Aufrüstung nachzudenken. „Ich werde mir 'ne Wumme besorgen. So etwas wie mit Ufuk wird nicht mehr passieren." Und Yalçin kündigt Riots an: „Wenn so etwas noch einmal passiert, gibt es hier Krieg." In der ganzen Stadt schießen neue Streetgangs wie Pilze aus dem Boden. Wer nicht direkt Mitglied einer Gang wird, gehört zumindest zu Cliquen, die ein freundschaftliches Verhältnis zu ihnen pflegen. Das Gefühl notwendiger Selbstverteidigung wird zum allgemeinen Lebensgefühl.

→ Nach der Öffnung der Mauer befürchten viele EinwanderInnen, unter die Räder der deutsch-deutschen Einigung zu kommen. Noch im Sommer 1990, als in Ostberlin rechte Jugendgangs die Straßen sprichwörtlich unsicher machen und eine Schulklasse mit türkischen SchülerInnen ihren Besuch abbrechen und unter Polizeischutz in den Westteil der Stadt eskortiert werden muss, erklärt der Generalsekretär der CDU-Berlin, Klaus Landowsky:

„Ich halte die Berichte über Skinheads und Neonazis für maßlos übertrieben. Und ich wehre mich dagegen, dass diesen Straßenbanden irgendeine politische Legitimation zugesprochen wird."

PORTRÄT EINES „KILLERS"

Plötzlich tickt Mesut aus. Er rennt mit einer Eisenstange los und schlägt hemmungslos auf den Mann ein. Immer wieder trifft er sein blutüberströmtes Opfer, das wimmernd am Boden liegt. Achtzehn Mal. Er hört erst auf, als ein Polizist ihm die Pistole zwischen die Augen hält. „Der Typ wollte meinen Bruder mit der Gaspistole umbringen. Aus einem halben Meter Entfernung zielte er auf ihn und drückte ab." Als sein Bruder bewusstlos am Boden lag, sah Mesut rot. Ein Verfahren wegen versuchten Totschlags ist eingeleitet.

Elf Verfahren wegen Körperverletzung hat der 18-Jährige am Laufen. Seine weichen Gesichtszüge und sein unbeholfenes Auftreten passen nicht recht zum Bild des erbarmungslosen Schlägers. 1987 gründete Mesut mit ein paar Freunden die Fighters im Märkischen Viertel. Hier, in der Streetgang, beginnt seine eigentliche Schlägerlaufbahn. Ständig ist er in Auseinandersetzungen mit echten und vermeintlichen Skinheads oder Neonazis verwickelt. „Ich habe einen Auftrag zu erfüllen. Wenn ich einen Nazi sehe, muss ich gleich auf ihn zugehen und ihn umhauen." Sein Hass ist grenzenlos. „Nur ein toter Nazi ist ein guter Nazi."

Mesuts Weltbild erlebte radikale Kehrtwendungen. 1987 war er selbst einige Monate Skinhead gewesen. „Bei mir in der Klasse haben alle gesagt: ‚Nazis, das sind die Besten. Alle Ausländer müssen raus.' Da wollte ich sehen, wie es ist, so zu sein wie andere auch." Der Sohn einer deutschen Mutter und eines türkischen Vaters wollte ein richtiger Deutscher sein. Jahrelang fühlte er sich unwohl in seiner Haut. Einmal fühlte er sich eher als Deutscher, dann wieder mehr als Türke. In beiden Kulturen bewegt er sich unbeholfen Türkisch spricht Mesut nur mangelhaft, und aufgrund einer massiven Sprachstörung kann er sich auch auf Deutsch nur mühsam mitteilen.

Ausstaffiert mit Doc Martens, Bomberjacke, Glatze und rassistischen Jackenaufnähern wie „Tod den Türken", „Ausländer raus" und „Deutschland den Deutschen" genoss Mesut die Provokation. Zu Hause schlug sein neues Outfit wie eine Bombe ein. Seine Brüder erklärten ihn für verrückt und sein Vater verprügelte ihn erst einmal. Eine Sprache, auf die sich Mesut bestens verstand. Prügel waren schließlich das Mittel, mit dem er seine eigene Sprachlosigkeit überwandt. Bereits mit 13 Jahren wurde er zum Helden, als er kurzerhand einem 17-Jährigen, der ihn provozierte, die Kinnlade wegschlug. Das Opfer verbrachte ein halbes Jahr im Krankenhaus. Die erste Anzeige wegen schwerer Körperverletzung folgte. Mesut wusste, wo er hinschlagen musste: „Das haben sie mir im Polizeisportverein beigebracht." Bereits mit sechs Jahren trainierte Mesut dreimal in der Woche. Mit neun Jahren trainierte er morgens und abends, sechsmal die Woche. Boxer oder Polizist, das war für Mesut die Alternative. „Ich wäre gerne Polizist geworden. Man ist dann Beamter und bekommt leichter ein Dach über den Kopf und kann ruhiger leben." Solche Karrieren hat er sich allerdings inzwischen verbaut. Das Vorstrafenregister und ein lebenslängliches Sportverbot schaffen klare Verhältnisse. Augenblicklich macht Mesut eine Maurerlehre.

Ende 1987 entschied sich der Blondhaarige dafür, doch lieber Türke zu sein. „Ein türkischer Freund versuchte, mich bei den Skins rauszuholen. Ständig ging er hinter mir her und versuchte mich zu überreden." Als der Freund die rassistischen Aufnäher von Mesuts Jacke reißen wollte, schlugen die Skins zu. Mit gebrochenem Unter- und Oberkiefer blieb Mesuts Freund auf der Strecke. „Als ich ihn da liegen sah, hatte ich eine Menge Schuldgefühle." Er schwor Rache. Seitdem versucht er seine Schuld durch „Glatzenjagen" abzutragen. „Meine Kumpels haben alle ihre Racheakte. Jeder hat seine eigenen Geheimnisse."

Mesut hat sich heute als Türke akzeptiert. Zwar reichen seine Sprachkenntnisse immer noch nicht aus, um ein Buch oder eine Zeitung in seiner Vatersprache zu lesen, dafür steht er auf türkische Musik. „Die höre ich, wenn ich einmal meine Ruhe haben will. Dann kommt mein Stolz hoch und die Sehnsucht nach meiner Heimat. Es soll da drüben wunderschön sein. Irgendwann muss ich sie einmal sehen. Ich habe die Fotos von unserer Stadt gesehen. Unser Haus liegt genau am Meer, da muss ich einmal hin." Es wird noch eine Zeitlang dauern, bis Mesut seinen „Heimatboden" zum ersten Mal betreten wird. Sein Vater, der vor ein paar Monaten bei einem Arbeitsunfall tödlich verunglückte, war die einzige Brücke zur „Heimat".

Seit der Grenzöffnung in Berlin haben Mesut und die Fighters alle Hände voll zu tun. „Jetzt sind wieder mehr Nazis da." Aus dem Berliner Industrievorort Henningsdorf fallen in regelmäßigen Abständen rechte Skinheads im Märkischen Viertel ein und machen mit Leuchtspurmunition Jagd auf Mitglieder der Streetgang. Aber auch die Fighters fackeln nicht lange. Als sie von der Vorherrschaft der Skinheads und Hooligans auf dem Ostberliner Alexanderplatz erfuhren, machten sie mobil. „Wir sind öfter rübermarschiert und haben auf dem Alex aufgeräumt."

TATORT SCHULE

Seit der Maueröffnung haben die Streetfighter neue Anlässe für ihren Kampf. Die bevorzugte Behandlung von Aus- und Übersiedlern sowie den Ostdeutschen im Zuge der Wiedervereinigung stößt den in Berlin geborenen ausländischen Jugendlichen sauer auf. Zu keiner Zeit haben sie ihre Zweit- und Drittklassigkeit so hautnah gespürt wie in den letzten Monaten. Die Empfindung, in der „Heimat" für immer fremd zu bleiben, verfestigt sich. Auch die Ängste vor Verdrängung auf dem Arbeitsmarkt sind nicht unbegründet. Im Herbst 1990 waren im Bereich der Banken und des Handels in Westberlin bereits 40 bis 50 Prozent der Lehrstellen mit Ostberliner Jugendlichen besetzt. Unter diesen Bedingungen haben es ausländische SchülerInnen selbst mit Hauptschulabschluss schwer, einen Ausbildungsplatz zu erhalten.

Prompt haben sich die Streetgangs ein neues Angriffsziel erkoren. Überfälle auf Schulen kommen in Mode. Am 26. September ziehen rund 40 türkische Kids nach Schulschluss los, um die Friedensburg-Oberschule in Berlin-Charlottenburg „aufzurauchen". Mit Gebrüll und entsprechenden Sachbeschädigungen ziehen sie vom U-Bahnhof Ernst-Reuter-Platz Richtung Schule. Einsatzbereitschaften fahren auf und treiben die Jugendlichen zurück. Hintergrund des Feldzuges: In den zurückliegenden Tagen kam es an der Schule zu Auseinandersetzungen zwischen türkischen Jugendlichen und den Kindern polnischer AussiedlerInnen. Vorwurf der Türken: „Die Polacken zeigen zu viel Leistungsbereitschaft und Ehrgeiz. Sie drücken damit das Niveau der türkischen Schüler."

Was sich hier in Aufsehen erregender Form Ausdruck verschafft, ist nicht zuletzt das Ergebnis verfehlter Schulpolitik. Ein Schulsystem, das inhaltlich und didaktisch ausschließlich auf die deutsche Mehrheitsgesellschaft programmiert ist, erzeugt vor allem bei den Kindern der türkischen EinwanderInnen schulischen Misserfolg. Die Konsequenz: Mehr als dreimal so viele ausländische wie deutsche SchülerInnen verlassen die Hauptschule ohne Abschluss. ExpertInnen sind sich über die Ursachen des kollektiven Schulversagens einig. So werden in Berlin 25 Prozent der GrundschülerInnen und 54 Prozent der HauptschülerInnen aus türkischen Immigrantenfamilien getrennt von den Deutschen unterrichtet. Der Türkische Elternverein sieht hier eine der Hauptursachen für die Bildung von Jugendbanden. „Die Zahlen belegen eindrucksvoll die Chancenbegrenzung und gesellschaftliche Isolierung der türkischen Kinder und Jugendlichen schon im Schulalter. Die Multikulturalität dieser Gesellschaft spiegelt sich nirgendwo in den Rahmenplänen wider. Nach mehr als 35 Jahren Immigration muss sich dieser Prozess auch in den Lehrinhalten niederschlagen, damit ein interkulturelles Lernen sowohl für die Deutschen als auch für Immigrantenkinder ermöglicht wird."

Auch Güven sieht in der Schule die Keimzelle der Gangs. Güven, Mitglied einer Streetgang aus dem Märkischen Viertel, sticht im Mai 1990 einen Jugendlichen in der U-Bahn nieder und verletzt ihn lebensgefährlich. Er wird festgenommen und zu einer Gefängnisstrafe verurteilt. Aus der Zelle schreibt er an seine Freunde: „Es fängt meistens in den Schulen mit der Bandenbildung an. Die Jugendlichen schließen sich immer häufiger einer Gang an, wo sie dann glauben, dass sie sich nicht mehr schwach fühlen müssen. Sie fühlen sich dadurch sicherer und haben dann auch keine Angst, dass ihnen etwas passieren könnte. Die meisten haben Probleme in der Familie, deshalb fühlen sie sich in der Gruppe wohl und glauben, dass dadurch alles wieder besser sein wird. Man sollte genau dort mit der Hilfe anfangen, wo auch die Probleme anfangen."

SozialpädagogInnen und PsychologInnen stimmen mit Güven überein. So kommen der Türkische Elternverein und der Bund psychosozialer Fachkräfte aus der Türkei zu dem Ergebnis: „Der Generationskonflikt zwischen Immigrantenjugendlichen und ihren Eltern hat sich nach unserer Beobachtung zugespitzt. Viele dieser Jugendlichen sind nicht mehr bereit, nach den Wertvorstellungen ihrer Eltern zu leben, vor allem die elterliche Autorität unbefragt zu akzeptieren." Zwar mögen Streetgangs wie die Black Panther noch einmal ihr Heil in einem übersteigerten Nationalismus suchen, viel mehr als ein letzter, vergeblicher Versuch, die „heilige türkische Familie" zu retten, ist es nicht. ExpertInnen, die vor Ort arbeiten, haben bereits vor Jahren eine derartige Entwicklung prognostiziert. So auch der Psychologe Kadir Kaynak: „Wir haben immer wieder versucht, den Politikern klarzumachen, dass die türkische Familie nicht so stark ist, wie sie glauben möchten. Die Energien der Familien reichen nicht mehr aus, die Konflikte mit den Jugendlichen, die viele Ursachen haben, alleine zu lösen. Viele Eltern haben kaum noch Kontakt zu ihren Kindern. Sie stehen morgens um vier, fünf Uhr auf und gehen in die Fabrik. Um 16 Uhr haben sie Feierabend. Anschließend treten sie ihren zweiten Job an und putzen nach Ladenschluss noch zwei, drei Stunden irgendwelche Büroräume und Kaufhäuser. Wenn diese Kinder nicht durch Kinderläden und andere soziale Einrichtungen aufgefangen werden, landen viele bereits mit neun, zehn Jahren in kriminellen Gruppen. Ich lerne elfjährige Kinder kennen, zu denen kein Kontakt mehr aufzubauen ist. Sie sind völlig verwahrlost, leben auf der Straße, in Abbruchhäusern oder bei älteren Männern, die sie sexuell und als kriminelle Handlanger missbrauchen."

Die Jugendlichen werden aufgerieben zwischen Migrationsprozess, gesellschaftlicher Diskriminierung und verfehlter Lebensplanung der Eltern. Und schon macht das Wort der „Verlorenen Generation" die Runde. Das Faustrecht der Straße ist oftmals das einzige Mittel, einen Rest an Würde zu wahren. Eine Erfahrung, die Wolfgang Zirk, Mitarbeiter der „AG Gruppengewalt" der Berliner Polizei, in seinem Arbeitsalltag immer wieder macht. „Die Mühe, die man für Anerkennung zum Beispiel in der Schule aufwenden muss, kann man auf der Straße innerhalb kürzester Zeit nachholen. Wenn man jemanden flachhaut, ist im Nu die Anerkennung der Freunde da."

FLUCHT NACH BERLIN

von Andrea Böhm

Sie hatte sich nur eine Zigarette schnorren wollen. Und diese dumme Gans auf dem Schulhof nahm einen tierischen Zug, schüttelte den Kopf und sagte: „Könnt ihr Türken euch gar nichts selber kaufen." Einen Sekundenbruchteil später hatte sie Ayşes Faust im Gesicht. Eine blutende Nase und die obligate Anzeige wegen Körperverletzung waren das Resultat. Es sei ihr nicht um die Zigarette gegangen, sagte Ayşe, sondern um Respekt. „Und um Respekt muss man kämpfen."

Ayşe, gerade 18 Jahre alt, 1,60 groß und zierlich, trotz der weiten Jeans und der protzigen Turnschuhe, Lieblingsmusik: HipHop. Lieblingssport: Kickboxing. Als Kind wollte sie Polizistin werden „wegen der Abenteuer". Heute träumt sie von einem Job als Sozialarbeiterin. Ein Beruf, für den sie sich geeignet hält, „schließlich komme ich doch aus der Scheiße". Als ob es noch eines Beweises für diesen Satz bedürfte, streicht sie mit zwei Fingern über ihr geschwollenes Auge, das von einer bläulichen in eine violette Färbung übergeht.

Ayşe kam vor 16 Jahren nach Berlin, ist in Kreuzberg aufgewachsen und kennt ihr Heimatdorf von Fotos und ein paar Urlaubsbesuchen. Sie ist der Boss der Mädchengang Ghetto Sisters. „Sie ist die Stärkste und Zuverlässigste", sagt Ghetto Sister Gülay, womit sich die Frage nach der Legitimation als Anführerin erledigt hat. Sich nichts gefallen lassen, nicht als Ausländerin und nicht als Mädchen, ist Ayşes Devise. Die Grenzen zwischen Angriff und Verteidigung sind aber längst fließend. Und wenn Ayşe erzählt, wie sie vor einigen Tagen in Ostberlin einen Skinhead „aufgemischt" haben, dann klingt da ein verschämter Stolz mit, als ahne sie, dass ihr keiner so etwas zutraut. „Ich habe ihn angemacht, die anderen haben geholfen, ihn zusammenzuschlagen."

Es hätte natürlich alles ganz anders kommen können. Ayşe könnte heute die Volleyballmannschaft in ihrer Schule anführen anstelle der Ghetto Sisters in Berlin-Kreuzberg. Dann stünde sie vielleicht kurz vor dem Abitur – oder sie würde zu jenen 25 Prozent türkischer Jugendlicher im Kiez gehören, die eine Lehrstelle ergattert haben. Aber der Vater wollte seine Tochter jeden Tag Punkt fünf Uhr zu Hause wissen. Kam sie zu spät, setzte es Prügel. Heftige Prügel, denn „mein Vater schlägt nicht nur mit der Hand". Ayşe begann, die Schule zu schwänzen. Irgendwo zwischen den Unterrichtsstunden im Klassenzimmer und der Enge der elterlichen Zwei-Zimmer-Wohnung musste ein bisschen Luft zum Atmen sein. Also blieb nur die Straße.

Mit 14 Jahren hat sie ihre erste Gang gegründet. Als Freundin von X oder Y in irgendeiner Jugendclique mitzulaufen, ist nicht ihr Stil. Türkische Mädchen Armeefraktion taufte sie ihre Gruppe. Mit Sympathien für die RAF hatte das nichts zu tun, eher mit ihrem treffsicheren Instinkt für provokantes Auftreten. Im Outfit der Rapper aus den Ghettos von New York, Los Angeles oder Chicago – schrille Mützen, protzige Halsketten und Basketballschuhe – sind die Mädchen durch die Straßen gelaufen. Da schwingt wieder der leise Triumph in der Stimme, wenn sie von entsetzten Blicken der Männer in den türkischen Cafés erzählt. Den Vätern, sagt sie und grinst, seien vor Schreck die Augen ausgefallen. Zu Hause setzte es wieder Schläge. Jugendgangs haben in ihrer Familie gewissermaßen Tradition. Cetin, der ältere Bruder, war jahrelang Mitglied der Şimşekler. Heute ist er 25 Jahre alt, verheiratet und versucht mit dem Vater, seine Schwester zurück in die Familie zu prügeln. Das blaue Auge stammt von ihm. Weil er sie auf dem U-Bahnhof mit ihren Kumpels aus der Brudergang erwischt hatte, schleppte er die Schwester nach Hause. Als Strafe für den unbotmäßigen Umgang schnitt er ihr die Haare ab. Nichts weiter als die „Anführerin von einem Haufen Nutten" sei sie. „Ich weiß", sagt sie mit einer Mischung aus Trotz und Beschwörung, „dass er insgeheim stolz auf mich und meine Gang ist."

Ayşe liebt ihre Familie – nicht weil man seine Familie lieben muss, sondern weil es eben so ist. Sie liebt vor allem ihre Mutter. Dass sie die Mutter einmal geohrfeigt hat, hat sie sich bis heute nicht verziehen. Es war im türkischen Heimatdorf passiert, kurz nach ihrer Verheiratung. Die Tochter hatte gefleht, wieder mit nach Berlin zurückreisen zu dürfen. Doch verweigerte die Mutter jede Unterstützung. Schließlich stand Ayşe nichts Schlimmeres bevor, als sie selbst durchgemacht hatte: an einen von den Eltern ausgewählten Mann verheiratet zu werden. Ayşe war einem Jungen aus einer benachbarten Familie von Geburt an versprochen. Der erste Verlobungsversuch scheiterte, weil sie, damals 13 Jahre alt, schrie, weinte und sich im Küchenschrank einschloss. Zwei Jahre später wurde die Zeremonie nachgeholt, vor einem halben Jahr fand die Hochzeit dann in der Türkei statt. Ayşe zog noch einmal alle Register, weinte und drohte, wohl wissend, dass ihr Widerstand bei den Verwandten im Dorf einen gefährlichen Verdacht erregen würde. Sie sei keine Jungfrau mehr, argwöhnte man. „Sie haben mir einfach nicht geglaubt", sagte sie, „dass ich ihn hasse." Erspart blieb ihr letztlich nichts – weder die Zwangsvermählung noch der Alptraum einer Hochzeitsnacht, die sie nur mit einer Decke über ihrem Kopf ertragen hat. Vier Monate musste sie bei der Familie ihres Mannes bleiben. Gegen seine Annäherungsversuche setzte sie sich mit Schlägen, schließlich sogar mit dem Brotmesser zur Wehr. Irgendwann ließ sie alles über sich ergehen, der Überlebenswille befahl ihr, still zu halten, „sonst hätten die mich gar nicht mehr nach Berlin gelassen". Ihr Mann wartet nun in der Türkei, dass seine Frau ihm demnächst den Aufenthalt in Berlin ermöglicht und Geld schickt, damit er sich vom Militärdienst loskaufen kann. „Wenn ich bloß an ihn denke", sagt Ayşe, „überkommt mich der Ekel und ich fange an zu zittern."

Zu Hause in Berlin hat sie angedroht, sich scheiden zu lassen. Der Vater warf sie daraufhin für drei Tage aus der Wohnung. In solchen Momenten finden sich wenig Zufluchtsorte: das Freizeitheim oder einer der Kreuzberger U-Bahnhöfe, wo Gülay, Dilek und die anderen sitzen, oft stundenlang die einfahrenden Züge beobachten und einfach warten, dass etwas passiert. Die Gang sei ihre zweite Familie, sagt Ayşe. „Da wird über Probleme geredet und eine Lösung gefunden." Die Lösung für Ayşe ist klar: Sollte ihr Mann je in Berlin auftauchen, wird sie endgültig von zu Hause abhauen – bloß wohin, weiß sie nicht.

„DANN MACHEN WIR HALT UNSERE EIGENEN REGELN."
Interview mit Mehmed, 20 Jahre, Mitglied der Alis

Weshalb schließen sich die Jugendlichen in Gangs zusammen?
Damit der Einzelne überhaupt existieren kann. Nicht als Gruppe, sondern als Mensch. Menschen können nicht damit leben, dass sie jeden Tag diskriminiert werden.

Hast du selbst Diskriminierungen erlebt?
Ich erlebe sie täglich. Immer wieder werde ich als Kanake bezeichnet.

Welche Erfahrungen überwiegen im Umgang mit den Deutschen: die guten oder die schlechten?
Man kann das nicht abwägen und sagen, die oder die Sache überwiegt. Man muss sich das so vorstellen: Man schmeckt irgendetwas, aber immer mit einem Beigeschmack. Wenn ich verreise und plötzlich Deutsche sehe, dann sagt mir sofort etwas im Hinterkopf: Pass auf!

Wie gehst du durch die Straßen, wenn du immer damit rechnest, diskriminiert zu werden?
Es gibt nur einen Ort in Deutschland, wo ich gelöst durch die Straßen gehen kann und weiß, hier passiert mir nichts. Das ist Kreuzberg. In allen anderen Bezirken oder Städten muss ich immer damit rechnen. Es blinkt ein Warnsignal: Pass auf, sonst wirst du angemacht! Ich gucke mich immer um. Und ich merke auch, dass ich von den Leuten angeguckt werde. Und ich bin mir sicher, das ist keine Einbildung. Ich merke den Unterschied, wenn ich in anderen Ländern bin, an Orten mit einer Multikultur, dann habe ich dieses Gefühl nicht.

Was sind denn deine persönlichen Erfahrungen mit Skinheads?
Meine Erfahrungen mit den Skinheads sind zu einer Hassliebe geworden. Ich liebe sie, wenn sie einzeln sind, weil, es sind einfach liebe Jungs. Trotzdem werde ich ihnen niemals verzeihen. Meine persönlichen Erfahrungen sind eine Reihe von zufälligen Aufeinandertreffen auf U-Bahnhöfen und auf den Straßen. Dann hat sich das immer sofort zu einer Schlägerei entwickelt.

Was läuft da ab, wenn ihr auf Skinheads trefft?
Das kann ich gar nicht genau sagen. Ich weiß nur, dass es dann immer zu einer Schlägerei kommt. Die Skins sind ja scharf drauf, uns zu sehen, und wir sind scharf drauf, die zu sehen. Wenn sie uns sehen, kommt so ein Spruch wie „Scheiß Kanake". Dann gehen wir meistens aufeinander los. Ich will unser Angreifen nicht entschuldigen. Wir greifen die Leute an und werden sie immer wieder angreifen, weil wir uns durch sie beleidigt fühlen.

Wann hattest du die ersten Schwierigkeiten mit Skinheads?
Das war etwa 1985/1986. Sie kamen in unser Jugendfreizeitheim. Der erste Spruch, den sie machten, war: „Was, hier sind Kanaken." Aber das war unser Revier. Wobei ich nicht sagen will, dass wir niemanden in unser Revier reinlassen, aber es ist ein Gebiet, in dem wir uns wohl fühlen und uns nicht von anderen Menschen vertreiben lassen wollen. Wir wollen da leben, und es können auch andere kommen. Wenn allerdings jemand kommt und sagt, „was, Kanaken hier", dann werden wir natürlich aggressiv.

Weshalb haben sich gerade 1983 viele Gangs aktiviert?
1982 und 1983 war die große Frage: Dürfen Türken frei

auf dem Kudamm rumlaufen bzw. dürfen Ausländer in Discotheken rein? Jugendliche, die am Wochenende nahezu in keine Discothek reingekommen sind, haben sich zusammengeschlossen. Ich habe in Erinnerung, dass sich die Şimşekler wegen der Disco-Geschichten entwickelt haben. Die Sache hatte auch Erfolg. Die Şimşekler sind in vielen Discos eingeritten. Auch im Cartoon, wo ich immer war. Als die Şimşekler kamen, hat sich der Türsteher gleich für Jahre krankgemeldet. Sie durften wieder rein und es war Ruhe. Die Leute haben gemerkt, dass es nichts bringt, eine bestimmte Gruppe aus der Gesellschaft auszuschließen.

Wie ist deine Position zu den Gangs heute?
Ich habe viele Freunde, die in Banden sind. Die Alis, in der ich bin, ist ein Zusammenschluss verschiedener Banden. Wir kommen zusammen, wenn zum Beispiel Stresssituationen in Kreuzberg angesagt sind, und ziehen los. Unser Gangname bedeutet nichts anderes wie bei euch Hans oder Georg. Es ist ein kurzer Name und praktisch für Demos. Wir sind ja meistens vermummt. Wenn Stress mit den Bullen angesagt ist und wir uns einmischen und auseinandergetrieben werden, ruft einer ‚Ali' und wir wissen, wo wir uns treffen. Das gibt uns auch die Sicherheit, dass kein anderer deinen Namen nennt und die Bullen das mitbekommen.

Wie viele seid ihr?
Wenn wir eine gezielte Aktion machen, kommen wir locker auf 600 bis 700 Mann. Ansonsten sind wir etwa zehn.

Am 20. April 1990 wolltet ihr geschlossen nach Ost-Berlin, um Skins und Hooligans vom „Alex" zu prügeln. Besteht bei so einer Aktion Einigkeit unter euch?

Eine bestimmte Einigkeit besteht. Zum Beispiel, dass wir zusammen auf den Alexanderplatz gehen oder dass wir zusammen in eine Richtung laufen. Auf dem Weg kommt es aber immer wieder zu Missstimmigkeiten. Sei es, dass einige schreien: „Türkei ist die größte Nation". Das sind Sympathisanten der türkischen Nationalisten. Mit denen sind wir nicht einverstanden, und wir versuchen, diese Stimmung zu dämpfen. Diese nationalistischen Strömungen sind eine Uneinigkeit in der Einigkeit.

Der Kampf gegen Skinheads und Ausländerfeindlichkeit ist ein wesentlicher Punkt für den Zusammenschluss von Jugendbanden. Aber hat sich der Kampf nicht schon längst verselbständigt und dient vielen Jugendlichen nur noch als Legitimation für Krawall und Straßenraub?
Sicherlich gibt es einige Leute, die so handeln. Diese Jugendlichen werden von uns aufs Schärfste verurteilt. Wenn wir keine Schwierigkeiten mit den Nazis hätten, hätten wir wahrscheinlich Schwierigkeiten mit denen. Wir wollen nicht, dass die auf unseren Namen solche Scheiße bauen. Es gibt Jugendbanden, die wirklich korrekt arbeiten. Von denen hört die Öffentlichkeit wenig, weil die Presse nur dann schreibt, wenn irgendwo Schlägereien sind und wenn die Jugendlichen mit Waffen rumlaufen.

Ist euer Kampf nicht auch ein Kampf gegen die Väter?
(Lacht). Wenn du mich so fragst, könnte ich dir tausend Gründe nennen, weshalb die Jugendbanden so sind und nicht anders. Die Väter vieler Jungs, die in Banden sind, machen bekanntlich zu Hause großen Druck. Weil sie in der Familie ein Nichts sind, versuchen sie durch die Gruppe ihr Nichtssein zu verdecken. Aber Diskriminierung gibt es von

allen Seiten. Beispielsweise auf dem Wohnungsmarkt. Viele von uns wollen von zu Hause ausziehen, aber wir bekommen nichts. Genauso ist es auf dem Arbeitsmarkt. Wir wissen, dass wir in unseren Bereichen nicht wahrgenommen werden. Wir können sagen, was wir wollen, aber es wird nichts für uns gemacht, weil wir nicht wählen dürfen und unsere Stimme somit unwichtig ist. Diskriminierung kommt von allen Seiten. Das fängt sicherlich in der Familie an. Unsere Lebensschizophrenie bringt uns ja dazu, dass wir sehr unsicher sind, ob wir nun Türken sind oder Deutsche. Das sind alles Konflikte, wo man sich dann später Gleichgesinnte sucht. Und es sind eben die Gleichdenkenden und Gleichfühlenden, die dann die Banden bilden. Das ist dann wie ein Staat. Wir Jugendlichen, die in so einem Land wie der Bundesrepublik leben, merken, dass wir selber keine Regierung haben. Wir können uns mit diesem Staat nicht identifizieren. Die CDU, Kohl und solche Leute, die im Wahlkampf ausländerfeindliche Parolen plakatieren, können niemals unsere Regierung sein. Das hat nichts damit zu tun, dass ich die CDU nicht mag. Ich könnte sie als Regierung trotzdem akzeptieren. Aber ich kann niemals eine Regierung akzeptieren, die generell gegen mich ist. Dann hole ich mir halt meine eigenen Leute und versuche, meine eigenen Regeln, unsere eigenen Gesetze zu machen.

Es gibt ja unterschiedliche Möglichkeiten, mit diesen Konflikten fertig zu werden. Die einen schlagen ständig zu oder bedröhnen sich oder werden durch Raubüberfälle eine große Nummer. Wie gehst du damit um?
Ich bin mit diesen Problemen anders fertig geworden. Ich bin mir sehr früh klar geworden, dass ich Abitur machen muss, dass ich studieren muss, um hier in diesem Land zu leben. Ich

habe mir immer vor Augen gehalten, wenn du hier in Deutschland leben willst, musst du besser sein als die Deutschen.

Mit wie viel Jahren hast du das so empfunden?
In der 7. Klasse. Da habe ich gemerkt, dass ich mehr lernen muss als die Deutschen. Schon wegen meiner Vergewaltigung der deutschen Sprache. Meine Lehrer haben kein bisschen Rücksicht darauf genommen, dass ich verschiedene Sprachen sprechen muss. Zu Hause Aserbaidschanisch, in der Schule Deutsch, mit Freunden Türkisch. Das änderte sich erst, als ich im elften Schuljahr an eine Kreuzberger Schule wechselte. Dass ich mehr bringen muss als die Deutschen, damit habe ich mich abgefunden. Nur, ich kann mich nicht mit dem Gedanken anfreunden, dass ich hier immer noch Ausländer bin, obwohl ich seit 18 Jahren hier lebe.

Du hast die deutsche Staatsbürgerschaft angenommen. Was hat sich dadurch geändert?
Ich kann jetzt frei auf der Straße rumlaufen. Wenn Stress angesagt ist, dann brauche ich nicht mehr den Kopf zu nicken, nach dem Motto: ‚Okay, ich bin ein Kanake', nur weil ich befürchten muss, ich könnte ihm eine auf die Fresse hauen und dann abgeschoben werden. Abschiebung war immer meine größte Angst. Auch auf Demos. Ich hatte immer Angst, dass die Polizei mich mitnimmt, mir vorwirft, ich hätte Steine geschmissen, und dann versucht, mich abzuschieben. Das ist der einzige Grund, weshalb ich die deutsche Staatsbürgerschaft beantragt habe, die Angst vor Abschiebung. Gut ist natürlich, ich kann jetzt wählen.

Und was bleibt trotz neuem Pass wie früher?
Mein Aussehen. Ich finde mich zwar völlig schön. Aber in

den Augen der Deutschen bleibe ich Ausländer. Aber das ist mir scheißegal. Mich stört nur, wenn sie so diskriminierend von oben runter gucken.

Warum war dein Vater dagegen, dass du die deutsche Staatsbürgerschaft annimmst?
Er war der Meinung, wie viele andere Väter und leider auch Jugendliche, dass ein Türke sich durch den türkischen Pass charakterisiert. Ich würde mich übrigens nicht als Deutschen bezeichnen, sondern als jemanden, der die deutschen Rechte hat.

STURMTRUPPEN FÜR DOITSCHLAND

Wir saßen in der Korova-Milchbar und tranken
die gute alte Moloko-Plus mit Messern drin.
Und dann fingen die Messer in meinem Bauch an zu pieken,
oh, meine Freunde, und ich fühlte mich bereit
für ein kleines bisschen Horrorschau ...

„Irgendetwas kaputtmachen, Scheiben zusammentreten, eine S-Bahn auseinandernehmen ... Da kann ich mich so richtig auslassen." Saufen, Randale und die Prügeleien, das ist es, was Alexander (21) so an der Olsenbande fasziniert. Vor zwei Jahren erregte die Gang durch spektakuläre Überfälle auf Linke und Ausländer die Gemüter. Es waren die Monate sensationeller Wahlerfolge der Republikaner. In der gesamten Republik reagierte die demokratische Öffentlichkeit ausgesprochen sensibel auf rechtsextreme Parolen und Ausschreitungen. Die Olsenbande schien die These – „Der Schoß ist fruchtbar noch" – zu bewahrheiten. Hin und wieder zog die Horde, „Sieg Heil" johlend, durch Reinickendorf und Wedding – beides Stadtteile mit einem hohen Anteil an RechtswählerInnen. Verbindungen zwischen den schlagkräftigen Jungs und der paramilitärischen Wiking-Jugend wurden aufgedeckt. Ja, es konnte passieren, dass zur Sonnwendfeier 200 „Jungnazis" mit Armbinden und Fahnen im Kiez aufmarschierten.

Aber Alexanders rebellische Attitüden – Lieblingsaccessoire: Palästinensertuch; Lieblingsmusik: *Sex Pistols* („Anarchy in the UK") und *Ton Steine Scherben* („Macht kaputt, was euch kaputt macht") – passen nicht ganz in das Raster des strammdeutschen, rechtsradikalen Jugendlichen. Sein Elternhaus liegt mitten in einem multikulturellen Stadtviertel. Jeder vierte Einwohner dort ist ein Einwanderer. Die meisten stammen aus der Türkei. In der Altersgruppe der 15-20-Jährigen halten sich deutsche und ausländische Jugendliche demographisch die Waage. Zu Hause, in seinem zehn Quadratmeter großen Zimmer, umgibt sich Alexander mit einer ‚Heile-Welt'-Atmosphäre: Schlümpfe bevölkern die Bettwäsche, ein *Nena*-Poster garniert die Wand und drei Kruzifixe dominieren sein Reich. Auf dem Bücherregal über dem Bett finden sich Geschichtsbände zum Werden des deutschen Volkes und diverse Bibelausgaben. Die Zimmertür schmückt eine handsignierte Fotografie von Papst Johannes Paul II.

Bis Mitte der 80er Jahre ist für den ehemaligen Ministranten die Kirche der Lebensmittelpunkt und Zufluchtsort gewesen. Während die EinwanderInnen dem Leben auf der Straße ihren unverwechselbaren Stempel aufdrücken – sie eröffnen Tante-Emma-Läden, Kneipen und beleben die nahe liegenden Grünflächen mit mediterranem Lebensgefühl –, scheint in den sonntäglichen Gottesdiensten und katholischen Jugendgruppen die abendländische Welt noch in Ordnung zu sein. Hier verbringt Alexander die Jahre irritierender Pubertät. Die nächst gelegenen Jugendzentren sind fest in der Hand türkischer und arabischer Kids, die den Kontakt zu den „andersartigen" Deutschen nur selten suchen. „Schonräume für eine ausgegrenzte und diskriminierte Minderheit, um ihre kulturelle Identität zu wahren", betiteln sozialpädagogische Sprachregelungen diese monokulturelle Inbesitznahme von Jugendzentren. Übersehen wird dabei, dass die „Minderheit" in einigen Straßenzügen schon lange die Mehrheit ist.

Inmitten der Weddinger Vielvölkerrepublik lebt Alexander auf kleinen deutschen Inseln. Von Kindheit an ist er „eigentlich immer mit deutschen Jugendlichen unterwegs". Die Eltern des „ausländerfreien" Mietshauses, in dem er aufwächst, achten ebenso wie die türkischen Nachbarn auf den Umgang ihrer Kinder. „Wir spielten auf unserem abgeschlossenen Hinterhof, da kamen keine Türken rein." Im Alter zwischen 15 und 17 Jahren wird die deutsche Hinterhofwelt zu klein. Alexander durchbricht die Apartheidschranken und sucht den Kontakt zu türkischen Kids draußen auf der Straße. „Eine Zeit lang spielten wir zusammen Fußball. Aber es ging nicht. Wir haben uns mit den Türken rumgeprügelt, mit den Jungs, die heute bei den Black Panthern und den Fighters sind."

Alexander weicht der Power der türkischen Jugendcliquen. Er verlagert sein Freizeitrevier aus dem Norden in den Süden Berlins. Dort beginnt seine politische „Karriere" in einer Antifa-Gruppe. 1988 beteiligt er sich an einer Besetzung und lässt sich vom Abenteuer der Illegalität begeistern. Bei den Politdiskussionen seiner Kampfgefährten bleibt der Elektromechanikerlehrling allerdings ein meist stummer Zuhörer. Seine Andersartigkeit wird ihm während der gewaltsamen Räumung zum Verhängnis. Es kommt zum Bruch mit den linken Freunden. „Ich hatte am Räumungstag eine Schreckschusspistole bei mir. Die Leute fanden das nicht so gut und haben mich tierisch angemacht. Ich konnte mich nicht wehren. Die anderen hatten alle studiert und waren älter." Alexander fühlt sich nach der cliqueninternen Standpauke „beschissen".

Über einen Freund lernt er zu diesem Zeitpunkt die Pilzgruppe – so der alte Name der Olsenbande – im Norden Berlins kennen. Anfänglich will er zur Wiedergutmachung Naziskins an seine alten Kumpel verraten. „Als ich die Leute der Pilzgruppe näher kennen lernte, merkte ich, dass ich mich mit denen ganz gut verstand. Da hatte ich es nicht mehr drauf, ihre Namen weiterzugeben." Alexander findet schnell Gefallen am „Hobby" seiner neuen Freunde. Regelmäßig ziehen die Hauptschüler los, um Gymnasiasten zu „klatschen" oder deren Feten kräftig aufzumischen.

An seiner „irgendwie linken" Einstellung hält Alexander dennoch fest. Folgerichtig demonstriert er beim Einzug der Republikaner ins Berliner Abgeordnetenhaus vor dem Rathaus Schöneberg, während andere aus der Olsenbande den „Sieg" feiern. Die Lust auf politisches Engagement ist ihm allerdings vergangen. Er hat resigniert, sieht keine Chance mehr, etwas zu verändern. „Ich weiß, dass ich eine Partei wählen darf, aber was das bringt, weiß ich nicht." Warum er bei den Rechten bleibt? „Einfach so aus Fun, weil die rumziehen, saufen und alles recht unpolitisch ist. Man muss sich da nicht ständig beweisen oder rechtfertigen, wenn man eine Scheibe einschmeißt oder sonst was kaputtmacht."

Ähnlich den Weddinger Vorläufern der türkischen Jugendgangs in den frühen 70er Jahren lungern die Jungs der Olsenbande orientierungslos auf den Straßen herum. Kein Jugendzentrum, das ihnen offen stünde. Deren MitarbeiterInnen scheuen das „Faschopack" wie der Teufel das sprichwörtliche Weihwasser. „Mit Neonazis arbeiten? Ich glaube, da käme ich ganz schön in Schwierigkeiten mit meinen Überzeugungen." Das Gros der PädagogInnen ist mit „wichtigeren" Aufgaben beschäftigt. Kids wie Alexander fallen als Klientel einer fortschrittlichen und politischen Stadtteilarbeit schon lange aus. Die frühen 70er Jahre, in denen man mit der „proletarischen Jugend" noch diffuse Revolutionserwartungen verknüpfte, sind längst passé. Die Politikfreaks der frühen Stadtteilinitiativen arbeiten mittlerweile als verbeamtete Dozenten an Hochschulen, in hübsch möblierten Bildungs- und Integrationseinrichtungen oder staatlich subventionierten Stadtteilprojekten. Von wenigen Ausnahmen abgesehen, gilt ihre ungeteilte Fürsorge heute einem ganz anderen „brennenden gesellschaftlichen Problem": der Integration von Einwandererfamilien. Mit Veranstaltungen und mahnenden Appellen werben sie bei der Mehrheitsgesellschaft um Toleranz und Verständnis für die ethnischen Minderheiten. Jugendliche wie Alexander, die sich aufgrund ihres lebensgeschichtlichen Hintergrunds dem multikulturellen Optimismus der neuen Mittelschichten verweigern, bleiben von den Angeboten der bunt schillernden, alternativen Initiativenwelt faktisch ausgeschlossen.

Thomas Mücke, einer der wenigen Sozialarbeiter, der die Kulturschranken zu den rechten Jugendlichen überwindet: „In ihrer Freizeit wissen die Jugendlichen nicht, was sie machen sollen. Einen attraktiven Jugendtreffpunkt gibt es nicht, da die Angebote der dort bestehenden Jugendeinrichtungen sie nicht ansprechen; als Möglichkeit des Gruppentreffens und -geschehens bleibt nur die Straße."

Artikuliert einer der teutonischen Jungs seine Schwierigkeiten mit den orientalischen Nachbarn einmal laut, wird er gleich verbal niedergemacht. Fortschrittliche Lehrer kanzeln „unqualifizierte, rassistische Wortmeldungen" souverän mit Verweisen auf den deutschen Faschismus ab. Einige von ihnen schrecken nicht einmal davor zurück, den Identitätsschwierigkeiten ihrer Schüler mit dem bewährten Pauker-Druckmittel der Zensurenvergabe zu begegnen. Alexander und seine Freunde finden an diesem Typ repressiv-antifaschistischer Aufklärung aus gutem Grund keinen Gefallen. „Natürlich strecken wir die rechte Hand aus und brüllen ‚Sieg Heil'. Aber das ist mehr ein Gag und eben Provokation." Vor allem in der Schule konnte man linke LehrerInnen damit herrlich hochnehmen. Und eine gelungene Provokation zieht die nächste nach sich. So machte ein anderer „Gag" die Runde in der Olsenbande. „Vor zwei Jahren hat man zu jedem gesagt: Eh, pass auf, kauf nicht bei Juden!"

Aber ganz so harmlos, wie ihn Alexander darstellt, ist der Spaß wohl doch nicht. „Manche von uns meinen das schon ernst. Die essen auch keinen Döner und kaufen nichts beim Türken." Als ein Kumpel Alexander besuchte, lehnte er das angebotene Schultheiß-Bier ab. Alexander hatte es im türkischen Imbiss an der Ecke gekauft.

Bei einigen PädagogInnen setzt sich langsam die Erkenntnis durch, dass nicht jede Hakenkreuzschmiererei der Ausdruck in sich gefestigter, faschistischer Überzeugungen sein muss, sondern auch als ein verklausulierter Hilferuf gelesen werden kann. „Wir haben in der Vergangenheit zu einseitig das Bild des edlen und hilflosen Ausländers beschworen, der per se Opfer ist und sowohl vor diskriminierenden Gesetzen geschützt werden muss wie vor denkbaren Angriffen." Ein seit den frühen Siebzigern in Berlin-Wedding arbeitender Sozialarbeiter kommt angesichts der jüngeren Entwicklung ins Grübeln. „Wir haben die deutschen Jugendlichen häufig mit einer Art positivem Rassismus überfordert. Scheinheilig haben wir von ihnen Verständnis für die kulturellen

Eigenarten und Besonderheiten ihrer türkischen Nachbarn eingefordert, ohne dieselben Forderungen auch an die andere Adresse zu richten."

Engagierte WissenschaftlerInnen haben in den zurückliegenden Jahren ganze Bibliotheken mit gut gemeinten Forschungsarbeiten gefüllt. Ihre gesammelten Anstrengungen sind unter Titeln wie „Das türkische Wertesystem im Wandel", „Das zerrissene Leben zwischen zwei Kulturen" oder „Die soziale Integration der Immigranten" erschienen. Gleichzeitig wurden Hunderte von Integrationsprojekten, Beratungsläden und Betreuungszirkeln mit viel Energie aus dem Boden gestampft. Allesamt Einrichtungen, die ihre Berechtigung keineswegs unter Beweis stellen müssen. Dass sie unverzichtbar sind, zeigt die täglich geleistete Arbeit. Die erschreckende Funkstille, die herrscht, sobald es um andere Aspekte des Einwanderungsprozesses geht, muss daher umso mehr überraschen. Kaum ein Wissenschaftler hat sich ernsthaft mit den psychosozialen Folgen befasst, wie sie durch die Einwanderung auf Seiten der Mehrheitsgesellschaft entstanden sind. Man tut so, als wäre die Einwanderung ein Phänomen, das lediglich die Biographien und Psychen der ImmigrantInnen berühre. Reagiert ein Deutscher auf die Erfahrungen im multikulturellen Mietshaus, Kiez und am Arbeitsplatz mit demonstrativem Rückzug in seine an den Idealen der westlichen Aufklärung orientierte, germanophile community, wird er schnell als unverbesserlicher, nationalistischer Fremdenfeind abgestempelt. Selten – und wenn, dann nur sehr verhalten – werden seine Leistungen im Verlaufe des Einwanderungsprozesses gewürdigt. Er, der in weniger als zwanzig Jahren die Veränderung seines Wohnumfeldes von einem zentraleuropäisch geprägten, zumeist proletarischen Bezirk hin zu einem multiethnischen

Konglomerat bereitwillig mit vollzog, bleibt mit seinen Verunsicherungen allein. Schwierigkeiten werden allenfalls am Stammtisch oder im Familienkreis, dann allerdings lautstark geäußert. Für eine diskutierende Öffentlichkeit sind solche Äußerungen kein Thema. Sie würden unter der Rubrik Ausländerfeindlichkeit schleunigst abgeheftet.

Auch breite Teile der Linken können sich diesen Fragen offenbar nicht wirklich stellen. Wahrscheinlich sind sie ihrem eigenen, verdeckt rassistischem Menschenbild verhaftet, das stillschweigend von der kulturellen Überlegenheit der Deutschen ausgeht. Also bleibt die ihren Diskussionen zugrunde liegende Voraussetzung unbefragt, es sei von einer deutschen Bankangestellten eben ein höheres Maß an Toleranz, Einsicht und situativer Anpassungsfähigkeit zu erwarten als von der Bäuerin aus dem unterentwickelten Anatolien. „Man muss ihre kulturellen Eigenarten respektieren und die ländliche Welt berücksichtigen, aus der sie kommt." So lautet ein beliebtes Argument, das in verschiedenen Fassungen häufig auftritt und den Schwierigkeiten des multikulturellen Alltags – genau besehen – ausweicht. Warum sollte die deutsche Bankangestellte nicht dasselbe Recht für sich beanspruchen wie die anatolische Bäuerin? Mit Blick auf das bei vielen Muslimen vorherrschende Frauenbild könnte sie sich schockiert abwenden, um in den Worten Bettina von Arnims zu sagen: „Ich weiß, was ich bedarf! Ich bedarf, dass ich meine Freiheit behalte."

Doch kehren wir zu Alexander zurück: Die Möglichkeiten des linksalternativen Lehrers, der beim Schuleintritt seiner Tochter die aufregend revolutionären Jahre in Kreuzberg beendet und ins gesittet-liberale Charlottenburg übersiedelt, sind ihm und anderen Mitgliedern der Olsenbande verwehrt. Den

Besuch einer von Einwandererkindern dominierten Schule werden sie ihren künftigen Töchtern nicht ersparen können.

Also lässt die Gang den jahrelang angestauten Frust los, indem sie „Kanaken- und Linkeklatschen“ zu ihrem Lieblingshobby macht. Und erreicht wird ein anderes Ziel. Die Jungs sind in aller Munde. Sie wecken Aufmerksamkeit und ziehen Begehrlichkeiten auf sich. Antifas rücken entschlossen gegen die „Nazis“ zu Felde. Bei rechtsextremen Organisationen findet die gewalttätige Öffentlichkeitsarbeit der Olsenbande uneingeschränkten Beifall, scheint die lang ersehnte Gefolgschaft für ein ausländerfreies Deutschland hier doch endlich die Initiative ergriffen zu haben. Aber die Antifas und Neonazis sitzen einer Fehleinschätzung auf. Trotz mancher Sympathiebekundung der Jugendlichen für „Deutsches“ und „Nationales“ kommt es zum Eklat, als sie ein Streifenpolizist für die Republikaner anwerben will. „Wir waren gerade dabei, einen Papierkorb abzufackeln, da kam ein Bulle ganz freundlich auf uns zu und sagte: ‚Das muss doch nicht sein, löscht mal das Ding.‘ Dann hat er das Programm der Republikaner rausgeholt und uns zur nächsten Versammlung eingeladen.“ Die Reaktionen unter den Gangmitgliedern sind gespalten. Einige finden das toll, andere sind empört und empfangen den Polizisten beim nächsten Mal mit der auf T-Shirts gedruckten Parole: „Gib Nazis keine Chance.“ Alexander versucht sogar, den Rechtsradikalen in Uniform anzuzeigen. Doch der Abschnittsleiter lässt ihn abblitzen. „Der Oberbulle hat alles abgestritten und mir überhaupt nicht zugehört.“

Die Feindschaften mit den ausländischen Jugendlichen im Kiez wurden vorübergehend beigelegt. Ein Streetworker hatte sich erfolgreich um Friedensverhandlungen zwischen den rivalisierenden Gangs bemüht. Der Olsenbande besorgte er zwei Bauwagen, die sie zu ihrem „Jugendzentrum" ausbauen konnten. „Wenn Thomas nicht gewesen wäre, hätte es krass kommen können", gibt Alexander offen zu. Allerdings macht der Nachwuchs der Olsenbande Schwierigkeiten. „Die sind brutaler als wir. Die Jüngeren haben die Taschen voller Waffen. Totschläger, Messer, CS-Gas, Knarren." Ihnen ist auch nur schwer zu vermitteln, dass mit einigen ausländischen Jugendlichen Frieden geschlossen wurde. „Die schlagen halt einfach zu, um sich zu beweisen."

Trotz des geglückten Engagements des Streetworkers kann Entwarnung nicht gegeben werden. Zwar hat auch Alexander seine anfänglichen Skrupel gegenüber Befriedungsversuchen Stück für Stück abgelegt. Nach wie vor hält er sich zurück, wenn die Kumpels aus der Bande wieder auf „Jagd" gehen. Nur hin und wieder, vor allem nach den Sauftouren, kribbelt es ihm in den Fäusten. Dann mischt er wieder mit. Neulich zum Beispiel auf dem Kudamm: „Da waren ein paar Vietnamesen. Wir sind hin, um Stress mit denen zu suchen." Doch als die Olsenbande loslegt, auf die Vietnamesen einprügelt, „haben die plötzlich gepfiffen und zwanzig Vietnamesen kamen mit Messern an". Nein, ausländerfeindlich sei er nicht. Nur mache die Action halt Spaß.

DER BRAUNE OKTOBER

27. Oktober 1990, Leipzig. 150 rechte Jugendliche greifen die Häuser der „Connewitzer Alternative" in der Stöckartstraße an. Unter „Sieg-Heil"-Rufen marschieren sie von der Hardrock-Disco im Club des Schlachthofs Richtung „Besetzermeile". Mit lautem Geschrei werden die verbarrikadierten Häuser bestürmt. Über die Länge eines Fußballspiels, von

22.00 bis 23.45 Uhr, liefern sich die Hooligans mit den „Linken und Alternativen“ eine erbitterte Schlacht. Ein Augenzeugenbericht aus der Lokalpresse *Wir in Leipzig*: „In der Stöckartstraße dann ein Exzess von Gewalt. In blinder Wut schossen einige Dutzend Hooligans wild um sich. Von den Dächern flogen vereinzelt Flaschen zurück auf die Angreifer. Die zum Teil vermummten Angreifer benutzten Knüppel, Eisenstangen, Pflastersteine und Molotowcocktails. Sie schmissen Scheiben ein, bewarfen Häuser. Raketen zischten durch die Nacht, dazwischen gebrüllte Parolen.“

Aber nicht nur die verhassten Linken sind Opfer des entfesselten Mobs. 30 bis 50 Vermummte greifen mit Eisenstangen, Holzknüppeln und Raketen eine Funkwagenbesatzung an. Plötzlich peitschen Schüsse durch das nächtliche Leipzig. Von Polizeikugeln in die Beine getroffen, sacken zwei Jugendliche zusammen. Die Pistolen sitzen seit einigen Wochen locker in der Helden- und Messestadt.

Einer von zig Überfällen im bewegten Jahr 1990. Vor allem die Städte der ehemaligen DDR werden zu Zentren martialischer Straßenschlachten. Horden von Jugendlichen ziehen randalierend durch die Einkaufspassagen und greifen neben Ausländern bevorzugt „linke Projekte“ an.

Die Täter sind scheinbar schnell ausgemacht: Hooligans, Skinheads, Neonazis. Faschistischer Mob also? Zumindest in der Öffentlichkeit gewinnt das Bild einer durchgeknallten, faschistischen DDR-Jugend schnell an Gestalt. Selbst Streetfighter wie Alexander zollen der mit der Olsenbande befreundeten Skinheadgang aus einem Industrievorort Berlins allen Respekt: „Die sind absolut verschärft drauf.“ Unterstützt wird der Eindruck durch den Rückgriff dieser jugendlichen Banden auf nationalsozialistische Symbole. Die Pamphlete der Ostberliner Nationalen Alternative, die sich überwiegend aus der Kiezjugend Berlin-Lichtenbergs rekrutiert, lassen an Deutlichkeit nichts zu wünschen übrig: „Es geht nicht an, dass gute Arbeitsplätze noch immer von Ausländern besetzt sind, während Deutsche arbeitslos sind. Die Ausländer kamen als Gastarbeiter und benehmen sich nun wie die Herren – damit muss jetzt Schluss sein, bevor es zu spät ist ... Hütchenspieler aus Jugoslawien betrügen und überfallen Deutsche und friedliche Touristen, polnische Banden brechen in Geschäfte, Lagerhäuser und Wohnungen ein und transportieren ihr Diebesgut in gestohlenen Autos nach Polen oder versetzen die ‚Ware' gleich hier in Deutschland, ausländische Jugendbanden terrorisieren alle Jugendlichen, die ihnen ‚zu deutsch' erscheinen – und das sind so gut wie alle. Wann wird die Regierung endlich etwas gegen diese gefährlichen Messerstecher tun?" Gern werden auch die Reiseaktivitäten des Naziführers Michael Kühnen (FAP) als Beweis für die drohende faschistische Gefahr herangezogen. An einem Tag taucht er in der von der Nationalen Alternative besetzten Weitlingstraße in Ostberlin auf. Am nächsten Tag versucht er in Leipzig zu mobilisieren. Übermorgen agitiert er militante Jugendliche in Dresden. Doch bei genauerem Hinsehen zeigt sich: Viel Einfluss auf die Jugendgangs haben die organisierten Rechten in Wahrheit nicht. Noch nicht?

RAUBEN FÜR DEUTSCHLAND

Ende Juni 1990. Wenige Tage vor der Währungsreform ist der Alexanderplatz ein kosmopolitischer Basar. Der Platz vor dem Centrum-Warenhaus hat sich zur Freihandelszone verwandelt. Sinti und Roma musizieren, D-Mark-Besitzer machen ihre Schnäppchen, und die vietnamesischen Habenichtse spezialisieren sich auf den Verkauf zollfreier Zigaretten und den illegalen Geldtausch.

Ein wenig abseits, im Schatten des Fernsehturms, kämpfen die Ostberliner Georg, Klaus, Rainer und Hartmut um die Vorherrschaft in ihrem durch Graffiti markierten Revier. Empört reagieren sie auf die Verwandlung ihrer alten realsozialistischen Spielwiese zu einem internationalen Treffpunkt. Tatsächlich kochen sie vor Wut. In den teuren Westklamotten, Nike-Turnschuhe und Levis 501, wirken die vier 17-19-Jährigen nicht gerade wie Gangster. Geldsorgen kennen sie nicht. „Wir leben davon, die Fidschis abzuziehen. Einer von uns geht hin, hält ihm hundert D-Mark unter die Nase. Wenn er sein Bündel Scheine herausholt, kriegt er eins vor die Schnauze und wir ziehen das Geld ab." Ein Kumpel der Jungs kommt vom nahen Bowling-Center herübergeschlendert. Als er Georg um zehn Mark anschnorren will, bekommt er den Tipp: „Geh doch zu den Fidschis und hol dir Kleingeld." Bedenken sind den Jugendlichen fremd. Die Raubüberfälle auf Vietnamesen sind für sie Rückführung von „deutschem Volkseigentum".

Alle vier sind Mitglieder der $nicker$, einer Gang, die aus dem Umfeld der Ostberliner BFC Hoolies hervorgegangen ist. Mit brutalen Gewaltaktionen macht die Gang von sich reden. „Wir waren bei der Randale am 20. April dabei, am 1. Mai und bei dem Sturm auf das besetzte Haus in der Oranienburgerstraße", erzählen sie stolz. Orientierung in einer neuen, von einem auf den anderen Tag komplizierter gewordenen Welt bieten klare Feindbilder: Ausländer, Autonome, Hausbesetzer und Schwule sind für sie „Abschaum". Skinheads, rechte Jugendgangs aus dem Westen, Hooligans und Neonazis betrachten sie dagegen als Freunde. „Wir sind

Deutsche, und wir wollen nicht, dass Deutschland so endet, wie es zurzeit auf dem Alexanderplatz aussieht." Von dem „Fremden" und „Andersartigen" fühlen sie sich überrollt. Die multikulturelle Gesellschaft, mit der sie seit dem Fall der Grenzen im November '89 konfrontiert sind, verunsichert sie zutiefst. Ausländer, die „ordentlich arbeiten gehen und sich integriert haben", sprich, durch ihr äußeres Erscheinungsbild nicht auffallen, die finden sie gerade noch in Ordnung. „Aber die Rumänen kommen aus ihrem Land, haben dort wie die Kakerlaken gelebt und wollen hier besser als wir leben. Das darf nicht sein", echauffiert sich Klaus. „Man kann ja nachts nicht mehr ohne Risiko über den Alex laufen."

Die bislang monokulturelle DDR bietet einen idealen Nährboden für Nationalismus und Rassismus. Dazu der Pädagoge Wilhelm Heitmeyer: „Durch die Auflösung der sozialen Milieus entstehen Probleme der Zugehörigkeit zu sozialen Gruppierungen, also wozu man gehört, wohin man gehört, wer man ist. Wenn aber unklar ist, zu welchen sozialen Gruppierungen man sich zugehörig fühlen kann, dann gewinnen jene Kategorien an Bedeutung, die gewissermaßen zugewiesene Naturmerkmale sind. Damit sind vor allem z. B. die Zugehörigkeit zu einer Nation, die Hautfarbe, die Abgrenzung etwa über Kultur oder auch ‚Rasse' gemeint. Dies sind Zugehörigkeiten, die einem keiner nehmen und derer man sich kaum entledigen kann, die unabhängig vom individuellen Leistungs- und Konkurrenzprinzip gültig sind und also als Ausgleich für soziale Verluste dienen können."

Ihrem nationalistischen Ehrenkodex gemäß bestimmen die $nicker$, „was angegriffen und vernichtet" werden muss. „Wenn wir alle hier im Mob sind, mit 300 Mann und so, dann geht es ganz schön radikal zu. Ich bin zwar kein Faschist und stehe auch nicht auf Hitler, aber ich bin vielleicht ein Sympathisant. Meine Devise ist: Ausländer raus." Gute Kontakte bestehen zur Westberliner Streetgang Raiders. „Nachdem wir die Raiders kennen gelernt hatten, dachten wir uns, machen wir auch so einen Schokoriegel und tauften uns von Die Blinden in die $nicker$ um", berichtet Georg über die Gründungsgeschichte der Gang. Die Jugendbanden aus Westberlin sind das große Vorbild, dem auch die $nicker$ nacheifern. „Wir hatten schon Ärger mit türkischen Jugendcliquen. Die haben plötzlich Anti-Terror-Kampf gemacht, mit den Füßen und dem Messer rumgefuchtelt", erzählt Rainer. „Wir haben auf jeden Fall Nachholbedarf. Bis vor einigen Wochen hatte bei uns ja keiner eine Waffe. Bei den Türken haben alle etwas dabei. Da kannst du dir nur eine schwere Pistole besorgen."

Im Spätherbst 1990 ist der Kampf um den „Alex" vorläufig entschieden. Sieger sind die türkischen Jugendgangs, die das Terrain nun unter Kontrolle halten. Jetzt dient es ihnen als Austragungsort ihrer internen Rangeleien.

NEONAZIS ODER DESPERADOS?

Ob in Leipzig, Dresden, Halle oder Ostberlin: Rechte Schlägertrupps machen in den Städten der ehemaligen DDR Hausbesetzern, Autonomen, Linken und MigrantInnen das Leben schwer. Brennpunkte der Auseinandersetzungen finden sich überall. In Leipzig macht die Bahnhofsgang das Gelände unsicher. Überfälle auf Obdachlose, die während der Wintermonate in den Toiletten des größten europäischen Sackbahnhofs übernachten, gehören ebenso zum Gangalltag wie Angriffe auf alternative Jugendclubs. Anders als der linken Szene, die sich eine Infrastruktur eigener Treffpunkte und Kneipen schuf, bleibt vielen rechten Jugendlichen nur die Straße. Die wenigen Kneipen der Leipziger Innenstadt sind für sie keine Alternative. Nach Ladenschluss kehrt tödliche Langeweile in die sächsische Metropole ein. Kein Abenteuer, kein Nervenkitzel, kein Spaß. Die Straßen voller Tristesse, alles Leben der sozialistisch vorgeschriebenen Funktionalität geopfert. Einzige Abwechslung: die Mitropa-Bar im Hauptbahnhof. Hier treffen sich die 14-18-jährigen Kids. Nur einer unter ihnen ist sichtlich älter: der Boss des Straßenstrichs hinter dem Bahnhof.

Michael Heinisch, Sozialdiakon in Berlin-Lichtenberg, wehrt sich gegen die vorschnelle Verurteilung dieser Jugendlichen als Rechtsradikale. Er appelliert an die Linke, sie nicht abzustempeln und ihrem Schicksal zu überlassen. „Natürlich beobachte ich, dass es in diesem Jahr viel mehr Straßengruppen gibt als vor einem Jahr." Die Gründe dafür liegen auf der Hand. Viele der ehemaligen, staatlichen Jugendclubs wurden geschlossen. Alternativangebote gibt es nicht, und die kommerziell orientierte Freizeitgestaltung ist für den Ex-DDR-Teenager unerschwinglich. „Die Jugendlichen sind ja die letzten Arschlöcher geworden und haben mit der Wende jegliche Orientierung verloren." Alte Gegner – SED-Staat, Staatssicherheit, Staatsbürgerkunde und die Volkspolizei – sind über Nacht verschwunden. Und das neue System bietet den Jugendlichen kaum Angriffsflächen. Niemand weiß genau, über wen er in der gegenwärtigen Situation eigentlich schimpfen kann und wer für seine Misere verantwortlich ist. Also greift man die Schwächsten der Hierarchie an und macht sie zu Prügelknaben. „Diese so genannten rechten Jugendlichen spüren alltäglich am eigenen Leib. Wir sind die Looser der ‚Wiedervereinigung'." Neben einer zumeist imaginären Freiheit bringt die deutsch-deutsche Zwangsheirat der überwiegenden Mehrheit vor allem existenzgefährdende Probleme ein. Fast alle BürgerInnen unter 20 sind von Kündigungen und einer Verschlechterung ihrer Bezahlung betroffen. Sie bilden die Gruppe ostdeutscher Arbeitsloser mit der höchsten Zuwachsrate. Wer dennoch eine der wenigen Lehrstellen ergattert, wird mit einem Handgeld abgespeist. Der Lehrlingslohn beträgt 1990 in der ehemaligen DDR etwa 200 Mark monatlich.

Nach Einschätzung des Sozialdiakons Heinisch werden die umherschweifenden rechten Gangs so lange ein Problem bleiben, bis ihnen die Chance geboten wird, ihre Gegenwart und Zukunft selbst zu gestalten. So ist er davon überzeugt, dass die Kids der Lichtenberger Streetgang, die in den zurückliegenden Monaten durch Überfälle auf Rumänen, Sinti und Roma von sich reden machten, ihre Randale beenden, wenn man ihnen ein Jugendzentrum anbietet. Was als neonazistische Übergriffe bekannt wird, sind für Heinisch unreflektierte Widerstandsaktionen gegen die drohende Bedeutungslosigkeit des eigenen Lebens: „Der Bahnhof ist seit Jahren ein Treffpunkt der Jugendlichen, da es hier rund um die Uhr etwas zu essen gibt. Im Osten war ja sonst um 21 Uhr Küchenschluss. Wenn man nachts aus der Discothek kam, ist man auf den Bahnhof Lichtenberg gefahren. Es war ein Treffpunkt für Jugendliche, die nicht wussten, wo sie hin sollten. Ein Freiraum. Nach der Wende und der Vereinigung war das plötzlich alles nicht mehr möglich. Da hängen jetzt die Rumänen und andere Ausländer rum, viele Geschäftsreisende, die ganze Struktur des Bahnhofs hat sich geändert. Für die Jugendlichen kommt jetzt rüber: wieder ein Ort, der uns weggenommen wurde."

Einer von ihnen ist Ingo H., bis Januar 1991 Vorsitzender der Nationalen Alternative. Über Monate spielte der gelernte

Maurer und frühere Punk für die Medien den Musternazi. Regelmäßige Pressekonferenzen, die sich der Arbeitslose fürstlich honorieren ließ, sicherten den Lebensunterhalt und belieferten die Republik mit haarsträubenden Gruselbildern. An der Rolle des neonazistischen Hofnarren hängt Ingo nicht besonders. Viel lieber wäre ihm ein Arbeitsplatz in der benachbarten Pfarrstraße 112 gewesen. Der Kirchenmann Heinisch verhandelte mit dem Magistrat. Seine Idee: Mit der Sanierung des Altbaus könnten zwanzig Jugendlichen berufliche Perspektiven geboten werden. Er ist davon überzeugt, wer Arbeit und eine Zukunftsperspektive hat, ist resistenter gegenüber nationalistischen und rassistischen Verführungen. Der Integrationsversuch scheiterte, als das Haus von „Linken" besetzt wurde. Drei Monate später ließ Innensenator Pätzold das Haus gänzlich räumen. Damit endeten auch erste zaghafte Dialogversuche zwischen den „Nazis" aus dem Lichtenberger Kiez und den Autonomen aus der Pfarrstraße. Seitdem haben sich die Fronten zwischen den rivalisierenden Jugendcliquen wieder geschlossen. Parolen wie „Hier lässt die Kirche Wohnungen räumen für Faschisten" und „Heinisch = Nationalsozialarbeiter" waren die Reaktionen von links. Mitte Januar wurde den rechten Jugendlichen vom Berliner Senat ein neues Haus in der Straße angeboten. In der autonomen Szene werden seitdem heftige Diskussionen geführt, ob „Faschos" das gleiche Recht wie ihnen selbst zusteht: nämlich Staatsknete für ein Integrationsprojekt abzuzocken.

DIE NAZIZENTRALE

Für die bundesrepublikanische Öffentlichkeit stand es schon im Frühjahr 1990 fest. Die Weitlingstraße 122 ist die

Hochburg organisierter Neonazis. Fotos gingen durch die Republik, die das Bild des hässlichen Nazis bestätigten: zum Hitlergruß ausgestreckte Arme, Reichskriegsflaggen und rechtsradikale Transparente. Das *Antifaschistische Info* gibt in seiner Septemberausgabe Einblicke in das „Zentrum der Nationalen Alternative". Das Bild einer Trutzburg wird entworfen und die Forderung aufgestellt: „Die Nazi-Zentrale in der Weitlingstraße muss weg!" Vor Ort bietet sich zur gleichen Zeit ein anderes Bild. Keine verbarrikadierten Türen. Keine Alarmanlagen, die vor ungebetenem Besuch warnen. Jeder kann das „Faschistische Zentrum" ungehindert betreten. Im Treppenhaus stehen ein paar Pappschilder mit der Aufschrift „Pommern ist unser!", „Schlesien gehört uns!" Ansonsten die gleiche Szenerie wie in allen besetzten Häusern. Zerbrochene Fensterscheiben, provisorisch verlegte Stromkabel, Bauschutt. Im dritten Stock endlich ein paar Jugendliche, die die unangemeldeten Besucher begrüßen. Kaum einer von ihnen wohnt hier. Das Haus ist ein Treffpunkt für Kids aus dem Kiez und billige Übernachtungsmöglichkeit für „Kameraden" von auswärts. Im „Presseraum", einem kalten, vergammelten Zimmer, bitten Ingo und drei weitere Mitglieder der Nationalen Alternative auf abgewrackten Sofas zum Interview. Drei von ihnen wuchsen im Kiez auf.

Heiko, 19 Jahre, gelernter Dachdecker, ist seit ein paar Monaten arbeitslos. „Es sieht zurzeit schlecht aus in der Baubranche. Arbeitslosengeld bekomme ich nicht, da bei denen irgendwelche Unterlagen verloren gegangen sind. Es haut dort alles noch nicht hin. Die sind auf dem Amt noch nicht so eingeübt." Mario, 22, ist gelernter Mechaniker und seit April 1990 arbeitslos. Andreas, 21, kam im Sommer 1990 aus Bremen nach Berlin und ist seit Juni arbeitslos.

Was hattet ihr mit dem Projekt in der Pfarrstraße 112 zu tun?
Ingo: Wir sollten das Haus sanieren, weil wir handwerkliche Berufe haben. Deshalb kam Michael Heinisch zu uns und hat uns das angeboten. Wir sollten richtige Arbeitsverträge bekommen.
Andreas: Das heißt nicht, dass da nur die Rechten arbeiten, sondern auch Linke. Das soll dann später mal eine Begegnungsstätte werden, wo sich Rechte und Linke treffen, um die Gewalt zu vermeiden.

Ihr könntet euch vorstellen, gemeinsam mit Linken in einem Projekt zu arbeiten?
Andreas: Ja, ja.
Heiko: Wir sind dialogbereit. Das haben wir oft bewiesen.
Andreas: Wir waren sogar in der Pfarrstraße und wollten uns mit den linken Besetzern unterhalten. Aber die haben gleich gesagt: Nazis raus! Verpisst euch!
Ingo: Die Aktion gegen die Mainzer Straße ist ja irgendwo eine Aktion gegen alle besetzten Häuser. Da gehören wir ja auch dazu. So sehe ich das. Die Linken sehen das ja nicht so. Für die sind wir Nazis, egal, ob wir ein Haus haben oder in der Badewanne sitzen. Die wollen mit Nazis nichts zu tun haben.
Heiko: Wo es um das Projekt in der Pfarrstraße ging, hat ein Linker gesagt, dass man Nazis nicht arbeiten lassen darf. Egal wo.
Andreas: Wir sind nicht so, dass wir jedem Linken auf die Nase hauen. Wir wollen mit denen reden. Mit Türken klappt das auch. Wir haben demnächst ein Fußballspiel gegen eine türkische Jugendbande. Gegen die Kobras und Black Panthers. Mit denen läuft das Gespräch wunderbar. Wir haben uns echt gut verstanden. Die waren stolz drauf, Türken zu sein, wir waren stolz drauf, Deutsche zu sein. Damit war die

Sache gegessen. Die haben nicht gesagt „Scheiß-Deutsche“, und wir haben nicht gesagt „Scheiß-Türken“. Also, das war wunderbar.
Heiko: Ein Ausländer ist mir für ein Gespräch angenehmer als ein Linker. Mit denen kann man überhaupt nicht reden. Die steigern sich in eine angebliche Weltanschauung. Und dann kommt nichts mehr heraus.

Ihr habt aber doch Schwierigkeiten mit den Türken?
Andreas: Ja klar. Die Türken rennen mit Reichsschwertern rum, unsereins holt sich dann auch etwas Scharfes, so eine Machete. Was bringt das? Entweder wir landen alle im Knast oder im Sarg oder im Krankenhaus. Ich finde, das bringt nicht viel. Ich will auch wieder einmal nach Westberlin rüberfahren, ohne dass mich gleich ein paar Türken jagen.
Heiko: Ich denke, es geht den Türken genauso. Die haben ja auch einen Horror, hier rüber nach Ostberlin zu kommen.
Andreas: Die Türken können halt nur auf dem Alex rumlaufen, weil da sind immer hundert Stück und da greift kein Rechter mehr an. Und wir können nicht in den Westen.

Was passiert denn, wenn jetzt hier unten in der Weitlingstraße ein Türke vorbeiläuft?
Andreas: Gar nichts.

Aber du sagst doch selbst, dass sie nur am Alexanderplatz sicher sind?
Andreas: Ja, weil es einige Rechte gibt, die auf Türken losgehen. Aus meiner Sicht verständlich, weil viele Kameraden schon von irgendwelchen Türken weggehauen wurden. Oder umgebracht. Dadurch baut sich ein Teufelskreis auf. Wenn ein Kamerad von mir von einem Türken umgehauen wird,

dann haue ich erst einmal ein paar Türken um. Und die paar Türken, die ich umgehauen habe, die haben Kumpels, die dann rumrennen und ein paar Kumpels von uns umhauen. So baut sich das auf, bis es irgendwann keine Deutschen oder Türken mehr gibt.

Wenn ihr es nicht seid, die Türken „klatschen", wer dann?
Andreas: Andere Rechte. Jüngere Leute. Auf dem Bahnhof Lichtenberg kann man das sehen. Wenn da ein Türke durchläuft, hauen die ihn um.

Ihr spielt mit den türkischen Jugendlichen Fußball, sagt aber trotzdem „Ausländer raus!"?
Andreas: Aber nicht alle. Kebabläden auch nicht. Scheinasylanten müsste man abführen. Auch nicht alle auf einmal. Langsam müsste man die abführen. Und die, die straffällig werden.
Heiko: Ich bin dafür, dass den Leuten hier nicht irgendwelches Asylgeld oder Sozialhilfe gezahlt wird, sondern in den Ländern, wo sie herkommen. Zum Beispiel müsste in der Türkei, was ein ökonomisch schwaches Land ist, gezielt Entwicklungshilfe geleistet werden. Damit man das wirtschaftliche Gefälle ausgleicht und keiner mehr einen Grund hat, hier herzukommen. Außer als Tourist vielleicht. Dafür sind wir. Aber nicht dafür, dass alle hier hergeholt werden und Geld kassieren.

Das Problem ist aber, dass die elf Leute, mit denen ihr kickt, wahrscheinlich alle in Berlin geboren sind?
Heiko: Nur: Wenn sie sagen, dass sie stolz sind, Türken zu sein, dann müssten sie auch in ihrer Heimat sein. Aber das ist es nicht einmal. Wenn alles in Grenzen gehalten würde,

dann würde es gehen. Es gibt ja kein Land, wo es keine Ausländer gibt. Und im gewissen Sinne ist es auch eine Bereicherung. Aber was zu viel ist, ist zu viel. Wenn die, die hier geboren sind, bleiben, das ist verträglich. Die kann man dann verteilen. Aber langsam hab ich den Eindruck, dass es unerträglich wird. Weil damit auch immer eine Ghettoisierung einhergeht. Die sind isoliert, können sich nicht integrieren, selbst wenn sie es wollen. Da entstehen dann Konflikte. So was hat sich noch nie bewährt. Nirgends auf der Welt. Guck mal die USA an! Die haben riesige ethnische Konflikte. Da versteht sich auch keiner.

Was macht ihr, wenn einer von den türkischen Jungs bei euch mitmachen will?
Andreas: Eigentlich ist es eine rein deutsche Vereinigung. Es ist schon vorgekommen. In Lübeck war zum Beispiel ein Neger dabei. Der hatte dann auch deutsches Gedankengut. Aber so gut fand ich das nicht. Wir sind eigentlich ein deutscher Verein.

Was stört dann noch, wenn sie dasselbe Gedankengut haben?
Andreas: Dass sie eine andere Hautfarbe haben. Ein Neger ist nichts Deutsches. Ganz klar.
Heiko: Ein Neger kann kein deutscher Nationalsozialist sein. Das geht nicht. Das wäre ein Lacher. Der kann auch nicht stolz sein auf Deutschland, weil er müsste dann stolz sein auf das deutsche Volk. Und das geht nicht, weil er nicht Bestandteil des deutschen Volkes ist.
Andreas: Wenn wir einen Neger hätten, dann hätten wir bald einen Türken, einen Rumänen. So fängt das an und gibt dann so einen zusammengewürfelten Haufen. Wir achten schon darauf, dass wir rein deutsch bleiben.

Habt ihr noch einmal versucht, mit den Besetzern in der Pfarrstraße ins Gespräch zu kommen?
Andreas: Ja. Erst hat keiner aufgemacht. Da kam gerade so eine Linke an und hat ihr besonderes Klopfzeichen gemacht. Die Tür ging auf, sie ging rein und wir gleich mit vier Leuten hinterher. Da sagte Ingo, er sei der NA-Vorsitzende. Dann haben die alle ihre Waffen gezogen. Leuchtspurpistolen und Messer und Steine.

Das war auch eine taktisch unkluge Bemerkung ...
Andreas: Wieso, bei uns war auch schon der Führer der Autonomen aus der Mainzer Straße. Da hat ihn keiner auf die Fresse gehauen. Aber wenn wir kommen, da machen sie gleich auf Radio 100 einen Durchspruch: „H. ist mit einer Horde Neonazis unterwegs." Und über Funk haben sie gleich Autonome angefordert, die draußen mit Eisenstangen auf uns gewartet haben.
Heiko: Überall in den Medien liest man, dass die Faschisten und Neonazis, wie man uns bezeichnet, keine Argumente haben. Und dass diese linke Szene argumentativ unwahrscheinlich gut drauf ist. Nur, ich habe bis jetzt noch nicht einmal erlebt, dass die da etwas gebracht hätten. Ich weiß nicht, das sind alles Leute, die das nur als Vorwand nehmen, um ihre Aggressionen auszuleben.
Ingo: Die sagen, sie unterhalten sich mit uns an einem Tisch, und wenn sie uns auf der Straße sehen, hauen sie uns um.
Andreas: Dann kommen auch immer gleich die Vorwürfe, ihr wart bei dem und dem Überfall dabei.

Was ja auch stimmt. Bei den Überfällen auf mehrere autonome Treffs oder auf das Tacheles z. B. wart ihr dabei.
Ingo: Da war keiner von uns dabei.

Mario: Das waren die ganzen Kinderhools.
Ingo: Ich werde mich von den Leuten aber auch nicht distanzieren. Ich distanziere mich von den Leuten, die uns schaden, die sie erwischen.

Welche Erfahrungen macht ihr mit den Antifas?
Ingo: Das ist ein kleiner Verfassungsschutz, den die da aufgebaut haben, um uns zu bespitzeln. Was die für Informationen haben! Als ich im vorletzten *Antifaschistischen Info* gelesen habe, stand drin, was ich den ganzen Urlaub gemacht habe. Und das hat auch noch gestimmt.

SKINHEADS: REBEL WITH CAUSE

Ihr dumpfer Schläger-Radikalismus
erinnert an die Prügelorgien der SA.
Der Spiegel
Unheimliche, pathologische, faschistische Killer. Menschlicher Müll, durch einen Kapitalismus im Todeskrampf zu Monstern entstellt ... Das Rohmaterial für die Sturmtruppen des Faschismus. Sie müssen zertreten und weggefegt werden.
Spartakist

21. Dezember 1985, Hamburg: Der 26-jährige Ramazan Avci wartet mit seinem Bruder und einem Freund in der Nähe einer Kneipe auf den Bus. Dort sitzende Skinheads fühlen sich provoziert und umkreisen die drei, „Türken raus!" gröhlend, mit abgeschlagenen Bierflaschen in den Händen. Ramazan Avci versprüht Tränengas und flieht. Eine Truppe Skins stürmt hinterher, Avci wird von einem PKW erfasst und bleibt mit gebrochenem Bein auf der Straße liegen. Die Skins fallen mit Knüppeln über ihn her, dann springt einer auf seinen Kopf und führt, so der Untersuchungsbericht, „mit dem Schuh unter Ausnutzung seines ganzen Körpergewichts eine kreisförmige Umdrehung aus".

(Nachtrag: Am 1. Juli 1986 verurteilt das Hamburger Jugendgericht fünf Täter zu Gefängnisstrafen zwischen einem und zehn Jahren. Nicht wegen Mordes, sondern nur wegen Totschlags, weil der Tat keine ausländerfeindlichen Motive zugrunde gelegen hätten. Die Täter hätten Ramazan Avci vor allem aus Wut über den Tränengaseinsatz verfolgt.)

2. Februar 1987, Hannover: „Schon zwei Nächte zuvor hat Kuss die Tat auf seine Art angekündigt. ‚Bornemann ist ein Verräter', hat er in der Skin-Disco ‚Duck' zu Schneider gesagt. Da war es gerade 24 Stunden her, dass Roger B. umfassend der Polizei von Straftaten neonazistischer Skins und FAPler berichtet hatte. Jetzt wirft Schwieger einen metallenen Papierkorb auf Bornemanns Beine, Kuss und Schneider ziehen das Opfer aus einem Gebüsch, schlagen erneut auf B. ein, dabei springt Kuss zweimal mit voller Wucht auf den Kopf des Gestürzten. Kuss hat wie alle Beteiligten Doc Martens an. Dann schleppen sie Roger Bornemann zu einem Holzzaun, und Kuss und Schneider besprühen den Schwerverletzten mit CS-Gas, entfernen sich. Nach einiger Zeit stöhnt Roger, da reicht einer Kuss eine Zaunlatte vom Spielplatz. ‚Das Schwein lebt ja immer noch', sagt Kuss. Und: ‚Jetzt müssen wir ihn richtig platt machen, sonst verpfeift er uns.' Über zehn Mal schlägt Kuss die Holzlatte auf Roger Bornemanns Schädel, dabei schreit er: ‚Hörst du mich? Hörst du mich?' ..." (Dieter Bongartz in: *Deutsche Volkszeitung/die tat* vom 16. Oktober 1987)

17. Oktober 1987, Ostberlin: Etwa 30 Skinheads und andere Rechte aus beiden Teilen der Stadt überfallen nach einem Konzert der Bands *Firma* und *Element of Crime* in der Zionskirche, Kristallisationspunkt der Bürgerbewegung, die Anwesenden – vor allem Punks. Flüchtende werden verfolgt und noch etwa einen Kilometer entfernt zusammengeschlagen.

Protokoll eines Täters: „Auf einen einzutreten macht Spaß. ... Wenn wir angesoffen sind, sind wir urst brutal. Also Sand in den Mund stopfen oder ins Klo rinstuken. Kopf eintreten. Senefelder, da ist uns ne Punk-Olle begegnet. Die haben wir die Haare angesteckt, hat gebrannt. Aber wieder ausgemacht. Also nur angesengt. Und dann Klamotten kaputt geruppt. Und dann haben wir sie auf dem Judenfriedhof in nen Brunnen geschmissen. Also da sind wir brutal. Am besten, man geht uns aus dem Weg, würde ich sagen."

9. September 1989, Ravensburg: Saulgauer Skins hatten per Flugblatt zum „Koma-Saufen" eingeladen. Für fünf Mark Eintritt soll es so viel Bier geben, wie der Körper bei sich behalten kann. 200 Skins erscheinen zum gemeinsamen Abfüllen, vertragen sich nicht allzu gut und gehen mit Tränengas aufeinander los. Irgendeiner hat eine bessere Idee und macht den Vorschlag, lieber im nächst gelegenen Jugendzentrum „Punks und Linke zu klatschen". Gut drei Dutzend Skins folgen seinem Aufruf, fahren völlig betrunken im Autokonvoi durch Ravensburg und stürzen sich mit Knüppeln, Baseballschlägern und „Rotfront-verrecke!"-Parolen auf die anwesenden JugendhausbesucherInnen. 24 Skins müssen sich vor Gericht verantworten.

9. März 1990, Essen: Etwa 50 Skins überfallen nachts, bewaffnet mit Äxten, Latten, Eisenketten und CS-Gas, ein Flüchtlingsheim, in dem vor allem LibanesInnen, Sinti und Roma wohnen. Das Erdgeschoss wird verwüstet, ein Kind verletzt, zwei weitere werden unter Schock ins Krankenhaus gebracht. Die Polizei nimmt sieben Täter fest. Alle sind um die 20 Jahre alt und wohnen in der Nachbarschaft.

14. August 1990, Ostberlin: Ein 27-jähriger Student aus Madagaskar wird am frühen Abend von fünf Skinheads in der S-Bahn überfallen und niedergestochen. Die Glatzen

springen kurz vor dem Schließen der Türen in den Waggon, beschimpfen und schlagen ihr Opfer, stechen zu und steigen am nächsten Bahnhof wieder aus.

21. August 1990, Ostberlin: Vier Vietnamesen werden in der S-Bahn zusammengeschlagen und ausgeraubt. Kurz vor dem Schließen der Türen springen etwa zehn Jugendliche, fast ausnahmslos Glatzen, in den Waggon. Während alle anderen mit Knüppeln und einem Beil auf die Vietnamesen einschlagen, hält einer der Täter das Geschehen auf Video fest.

2. November 1990, eine ADN-Meldung: „Die Berliner Vertretung der polnischen Botschaft erhält immer öfter Meldungen über brutale Überfälle auf polnische Bürger auf dem ehemaligen DDR-Territorium. Organisierte Banden von Jugendlichen, darunter Skinheads, würden die Polen hauptsächlich auf Straßen und in Zügen schlagen. Passanten sähen in der Regel teilnahmslos zu. ... Viele Polen gingen nicht mehr allein einkaufen und blieben nach Einbruch der Dunkelheit in ihren Wohnungen."

DIE ANFÄNGE

„Ich scheiß auf das, was in den Zeitungen steht.
Ich rühre keinen Finger für die Politik.
Ich habe nie gewählt und werde nie wählen. Ich bin kein Nazi und erst recht kein Sozialdemokrat. Meine eigene Ansicht ist, dass ich mehr mit einem Schwarzen aus der Arbeiterklasse gemeinsam habe als mit nem Weißen
aus der reichen Mittelklasse.
Abgesehen davon habe ich über Rassen
und Politik nichts zu sagen,
außer dass alle Politiker bestechlich sind,

Schwindler und Lügner sind,
und ich würde nicht einmal auf sie pissen,
wenn sie brennen würden.“
Aus einem Skinhead-Fanzine

Die ersten Skinheads tauchten Ende der 60er Jahre in Großbritannien auf. Es waren Arbeiterkids aus den mieseren Vierteln East-Londons, die eines Tages begannen, sich die Jeans hochzukrempeln, damit die Welt ihre Arbeiterschuhe bewundern konnte, die ihre Hosenträger offen über dem grob genähten Hemd trugen und sich die Haare mindestens so kurz scheren ließen, dass man nicht mehr hineingreifen konnte. Das wirkte nicht nur „hässlich, gewalttätig und brutal“, es war auch praktisch bei der Lieblingsbeschäftigung der Skinheads – beim Straßenkampf.

Einige von den Älteren hatten schon früher bei den Mods mitgemischt, die sich an den Stränden von Brighton, Clayton oder Scarborough publikumswirksame Schlachten mit Bikers lieferten. Die Jüngeren traf man im Stadion. Denn Fußballfans waren sie alle. Und zwar die Besten und Härtesten – bei der Anfeuerung der eigenen Mannschaft wie auch im Verprügeln des gegnerischen Anhangs danach. Daran änderte auch die Tatsache nichts, dass die Polizei anfing, Hosenträger, Gürtel und andere Skinhead-Accessoires am Stadioneingang zu beschlagnahmen und Ladenbesitzer unter Druck zu setzen, Doc Martens nur noch an Langhaarige zu verkaufen.

„Skinhead war, wer sich keine teuren Klamotten kaufen konnte und das auch zeigen wollte.“ Die erste Rationalisierungswelle hatte Großbritannien erreicht und die Wirtschaftswunderjahre auch im Mutterland der Industrie beendet. Das Lehrstellenangebot schrumpfte innerhalb von vier Jahren um ein Viertel, Arbeitslosigkeit bestimmte den

Lebensalltag vieler Familien in East-London. Doch während die Zukunftsaussichten für die Masse der Arbeiterkids immer düsterer wurden, bildete sich gleichzeitig eine neue, junge, finanzkräftige Mittelschicht heraus: Aufsteiger, die von der Rationalisierung profitierten. Computerexperten, Städteplaner, Architekten überrollten nun die Arbeiterviertel Londons wie Westberlins Neureiche 20 Jahre später das autonome Kreuzberg. Yuppies, aber auch Intellektuelle, KünstlerInnen und revoltierende Bürgerkinder zogen nach East- und South-London. Ganze Straßenzüge wurden abgerissen, billiger Wohnraum durch überteuerte Appartements und Luxusläden ersetzt. Der vormalige Arbeiterkiez hatte sich gründlich verändert.

Ein Klassenkampf entlang neuer Fronten entfaltete sich: Hippies mit wohl situiertem Elternhaus und „gehobenem" Bildungsniveau erträumten den Untergang der Industriegesellschaft. Mit Marcuse und Castaneda erprobten sie die Konsumverweigerung und den Ausstieg aus der Leistungsgesellschaft, trafen nun aber auf Underdogs, denen gerade der Einstieg verwehrt wurde. Die Kids reagierten trotzig auf die Invasion ihres Reviers und kehrten die Prolo-Herkunft demonstrativ heraus. Männliche Härte gegen lange Haare und bunte Klamotten, proletarische Disziplin gegen Drogen und Mystik. Straßenkämpfe gegen die Mittelschichtkinder wurden neben Fußball und Bier das sinnstiftende Hobby der Kurzgeschorenen.

Dennoch waren die meisten der frühen Skinheadgangs nicht rechtsradikal. Auch wenn ihr proletarisches Selbstverständnis eher diffus rebellisch und sicherlich nicht „links" war, so blieb man doch – wie viele Skins heute wieder – gegenüber organisierten Nazis auf Distanz. Mensi, Sänger und Kopf der Londoner Band *Angelic Upstarts*: „Ich hasse Faschisten. Die werden von unserer Regierung geduldet, weil sie dieses Regime unterstützen. Zum Beispiel hat die National Front zur Zeit der Bergarbeiterstreiks ihre Leute als Streikbrecher in die Bergwerke geschickt. Eine echte Arbeiterpartei also!" Roddy Moreno, Sänger der Band *The Oppressed* und Gründer der britischen „Skinheads Against Racial Prejudice"-Sektion: „Gewalt war immer in der Szene, aber das war so in der working-class-Jugend, ob nun mit oder ohne Skinheads. Rassismus existierte in der Szene nicht. Natürlich gab es rassistische Skinheads, aber genau so, wie es rassistische Banker oder Milchmänner gab."

Ölkrise, Kurzarbeit und die hoffnungslosen Arbeitskämpfe hatten das soziale Klima verschärft. Behördenwillkür und Übergriffe gegen Einwanderer häuften sich, die *Sun* und andere Boulevardblätter machten fast täglich mit rassistischen Schlagzeilen auf. Die Skins, überwiegend weiße, sozial deklassierte, im Grunde urkonservative Jungbullen, setzten auf den Straßen um, was Anfang der 70er Jahre auch offizielle Losung der britischen Regierung wurde: Ausländer raus!

Doch es gab ja immer noch die Musik: Ska und Reggae, der Sound der westindischen EinwanderInnen. Weiße Skins und schwarze Rude Boys tanzten in denselben Clubs gemeinsam zu den ekstatischen Rhythmen schwarzer Musiker wie Laurel Aitken und Prince Buster.

Dass ausgerechnet der Reggae die Skins in Bewegung versetzte, hatte viel damit zu tun, dass er gerade als einziges Genre „frei" war. Alle anderen Stile waren von konkurrierenden Jugendkulturen vereinnahmt. Die schwarzafrikanischen Ursprünge des Reggae bzw. Ska klangen zudem wesentlich härter als die Songs, die Mitte der 70er Jahre mit

Musikern wie Bob Marley, Jimmy Cliff oder Peter Tosh einen Reggae-Boom in der ganzen Welt auslösten. Erst der Einfluss der kiffenden Rastafarians verlangsamte die ursprünglichen Rhythmen, ein dumpfer Bass drängte plötzlich die Blech- und Trommelgewitter in den Hintergrund, die Texte bekamen einen neuen, jamaikanischen Einschlag. Die religiöse Rückbesinnung auf die afrikanische „Urheimat", Jah Haile Selassie, Ganja und Reggae blieben letzte Strohhalme in einer zunehmend fremdenfeindlichen Umwelt. So dominierten bald die Sache der Farbigen und die religiöse Philosophie der Dreadlocks die Texte und Rhythmen der karibischen Tanzdroge. Damit konnten sich die weißen Skins nun gar nicht mehr identifizieren. Viele stiegen auf rüdere Töne um und mixten aus schwarzem Blue Beat und weißem Punkrock eine neue, aggressive Mischung: Oi!

Mit diesem Auseinanderdriften der Musik- und Clubkulturen war jedoch die wichtigste Brücke zwischen Weißen und Farbigen gesprengt. Der grundsätzliche Widerspruch innerhalb der Skin-Szene – multikulturelle Wurzeln einerseits, weißer Chauvinismus andererseits – brach offen zutage. Die Skins fühlten sich erneut ausgeschlossen, „ihrer" Kultur entfremdet. Umso entschlossener verteidigten sie ihre Reviere, umso brutaler prügelten sie auf Pakistanis und andere „Fremde" ein. Blitzableiter Randale. „Mit jedem Stiefeltritt gegen einen Pakistani wurde ein Widerspruch zugeschüttet." (Dick Hebdige)

SKINS OHNE HEAD

Rechtsextrem politisiert (und damit gespalten) wurde die Skin-Bewegung erst Mitte der 70er Jahre, als das faschistische British Movement und die National Front begannen, wie zehn Jahre später Michael Kühnen & Co in der Bundesrepublik, unter Skinheads Fuß zu fassen. Ihre simplen Antworten auf Massenarbeitslosigkeit und Armut, das Angebot an Kameradschaft und die Zuspitzung des in der Skin-Szene ohnehin gegenwärtigen Männlichkeitskultes kamen an. Neonazistische Kader rasierten sich die hohlen Köpfe und unterwanderten geschickt die noch ziellose Rüpelgemeinde Da waren plötzlich offenbar sehr starke Leute, die zusammenhielten und allen, die dazugehören wollten, ein neues Selbstbewusstsein anboten: „If You're white You're allright! If they're black send'm back!"

Viele Skins ließen sich rekrutieren, stülpten mit medienwirksamen Auftritten der gesamten Skin-Kultur ein rechtsradikales Image über. Das zog den entsprechenden Nachwuchs automatisch an. Jeder rechte Schläger in Europa wusste nun, wie er sich stylen musste, um Gleichgesinnte zu finden. Ob rassistische Prügelorgien auf der Straße oder subversive Morde: kaum eine militante Aktion des faschistischen Mobs ohne Glatzen in der ersten Reihe. Die anderen, die „unpolitisch" blieben oder sich in der linken Szene ansiedelten und in Bündnissen wie Rock Against Racism und Cable Street Beat antifaschistische Konzerte organisierten, verschwanden aus dem Bewusstsein der Öffentlichkeit. Glatze gleich Neonazi. Simple Minds.

Während in England Glatzköpfe schon zum Straßenbild gehörten, als die *Sex Pistols* noch Schulbänke bekritzelten, tauchten hierzulande Skins erst auf, als der Punk bereits wieder vorbei war: musikalisch etabliert und zur Neuen Deutschen Welle verflacht. Punk-Mode schmückte Versandhauskataloge („Schockieren ist schick"), und *Bravo*-LeserInnen diskutierten über das Pro und Contra von Sicherheitsnadeln in der Nase. Es musste also etwas Neues her. Noch härter, noch brutaler, noch weniger von der Industrie vereinnahmbar. Da kamen, gerade zur rechten Zeit, aus England die Oi!-Musik und andere Ska-Punk-Mixes herüber. Viele Punks stiegen sofort um: ließen sich die Haare ganz abscheren, flickten ihre Hosen, ersetzten die Nadeln im Ohr durch Tattoos auf den Armen, behandelten ihre Frauen weiterhin schlecht und schlossen sich enger zusammen. Denn während Punks eher belästigt als verfolgt wurden, war der Druck auf Skinheads von Anfang an stärker. Auch von Seiten der Linken.

Brachte man den „No-Future"-Rebellen Verständnis bis Sympathie entgegen, waren die Glatzen nur noch schlicht „Nazi-Pack". So kann es einem Redskin noch heute im autonomen Kreuzberg passieren, dass er von übereifrigen Rambos eins aufs Maul bekommt. SozialarbeiterInnen, die ja eigentlich – qua Beruf und Gesinnung – jeden und alles verstehen, streiken bei dem Ansinnen, mit Skins zu arbeiten. Antifas protestieren dagegen, dass ein Jugendzentrum Skins einen Probenraum für ihre Band zur Verfügung stellt. Doc Martens reichen aus, um von militanten Ordnern den Zutritt in Stadien oder Konzertsäle verwehrt zu bekommen. Discotheken und Gaststätten hängen Schilder auf: „No Skins" – wie andere „Keine Ausländer". Neonazistische Aktionen finden sich unter der Schlagzeile „Wieder Skinhead-Randale" in *taz* und *BILD*, selbst dann, wenn weit und breit keine Glatze zu sehen war.

Keine andere Jugendkultur wurde bisher so total ausgegrenzt – auch von Gleichaltrigen. Während Punks bald in Friedensinitiativen und linken Schülergruppen mitmischten, wollte mit Skins niemand etwas zu tun haben. Allenfalls mit Hooligans und anderen Fußballfans gab es ein mehr oder weniger freundschaftliches Verhältnis und regen personellen

Austausch. Doch auch das zerbrach in den meisten Bundesligastädten mit der zunehmenden „Politisierung“ der Skins, die die meisten Hooligans nicht mitmachen wollten. Während die organisierten Neonazis sich bei ihren Anwerbeversuchen in den Stadien Anfang der 80er Jahre eher blaue Augen und blutige Nasen geholt hatten – nicht etwa aus antifaschistischer Motivation heraus, aber Hooligans mögen es nun mal nicht, wenn ihnen Fußballfremde in ihrer Kurve was erzählen wollen –, so erzielten sie nun bei den weniger fußballverbundenen Skins größere Erfolge. Hooligans wären nie auf die Idee gekommen, einfach an einem x-beliebigen, spielfreien Tag irgendwelche Ausländer oder Linke zu überfallen. Den gelangweilt und ohne Treffpunkt herumhängenden Skins kam diese Art „erlebnisorientierter Freizeitgestaltung“ gerade recht.

Die Skin-Bewegung war für die Nazis auch deshalb einfach zu instrumentalisieren, weil man recht schnell Zutritt erlangen konnte. Eine kleine kosmetische Korrektur – Scheitel abrasieren (und selbst das war nicht immer notwendig) – schon war man ein „echter“ Skinhead. Ganz anders die Hooligans. Die guckten genauer hin, wie lange jemand im Stadion „präsent“ war, wie viele Spiele er gesehen hatte, ob man auch auswärts auftauchte, eben ein Fußballfan war.

Nicht zu vergessen: Die Skinhead-Bewegung setzte nach Deutschland zu einer Zeit über, als keine attraktive linke Jugendszene existierte. An den Schulen gab die „Wende-Jugend“ den Ton an, in den Discotheken machten sich Kaschmir-Popper breit. Die Lehrlingsbewegung war in der Jugendarbeitslosigkeit untergegangen, die in den 70er Jahren erstrittenen Jugendzentren hatten bereits wieder geschlossen oder sich in langweilig-städtische „Häuser der offenen Tür“ verwandelt.

Dabei hatten gerade die 80er Jahre so gut begonnen. Gleich zur Jahreswende 1980/81 überrollt eine Welle von Hausbesetzungen die Bundesrepublik und Westberlin, wo zeitweilig rund 3.000 Menschen in über 160 besetzten Häusern leben. Aufstände erschüttern selbst die biedere Schweiz („Züri brännt") und das „Dreisameck" Freiburg. Widerstand gegen öffentliche Rekrutenvereidigungen in Bremen und Hannover finden ein breites Echo. 100.000 Menschen demonstrieren im Februar 1981 gegen das Atomkraftwerk Brokdorf, 300.000 im Oktober des gleichen Jahres für Abrüstung in Bonn. Eine breite Alternativbewegung entdeckt neue Formen des Arbeitens, des Zusammenlebens, des sozialen Umgangs miteinander. Aus dem bloßen Protest gegen das System erblüht eine neue Alltagskultur. Ein dichtes Netzwerk alternativer „Projekte" entsteht: Landwirtschafts- und Handwerkskollektive, Bio- und Kinderläden, Freie Theatergruppen, Arbeitslosenselbsthilfen, Irrenoffensiven, selbstverwaltete Schulen, Frauenzentren ...

Doch die Euphorie weicht bald einer allgemeinen Lethargie. Der Protest auf der Straße verpufft, die Projekte richten sich in ihren Nischen ein. Hausbesetzungen beschränken sich auf wenige Städte. Der Punk ist politisch tot, Alkoholabhängigkeit und härtere Drogen überschwemmen die Szene. Die Grünen wandeln sich von einer Bürgerinitiativenbewegung zur Mittelschichtpartei voll linksintellektueller Spießigkeit. Und wer will schon mit seinem Lehrer in ein und derselben Initiative arbeiten?

So isoliert sich die Skin-Szene zunehmend von allen anderen Gruppen und pflegt ihr Image als böse Buben der Nation. Die einzelnen Mitglieder verbindet im Grunde wenig: Glatzen, Boots und Bomberjacken, Musik und Bier, Prügeleien und eine schwache gemeinsame Identität, die nicht auf eigenen Zielen, Utopien, Selbstbildern aufbaut, sondern wesentlich auf der Angst der Anderen, die schnell die Straßenseite wechseln, wenn sie einem begegnen.

Skins, die anders drauf sind, ziehen sich nach und nach aus der Szene zurück. Mario Pohler von der Hildesheimer Oi!-Band *Die Vandalen* erinnert sich: „Anfangs entwickelte sich ein Haufen aus zehn bis zwölf Leuten, die unpolitisch waren und sich auch öfter mit englischen Skinheads, die in Hildesheim stationiert waren, trafen. Irgendwann tauchten plötzlich mediengeformte ‚Skinheads' auf, die alle einen komischen Aufnäher am rechten Ärmel trugen. Nachdem die Pseudo-Skinheads einige blöde Aktionen starteten (zu viert einen Punk zusammenschlugen, auf Türken losgingen, FAP-Aufkleber o. Ä. verklebten usw.), ließen sich fast alle Oi!-Glatzen die Haare wachsen, um nicht mit diesen Idioten über einen Kamm geschert zu werden. Heute gibt es in Hildesheim wenig Oi!-Glatzen; der Zulauf bei den Pseudo-Glatzen wächst durch die Modeerscheinung. Die Leute werden immer jünger und lächerlicher."

Führte im Westen die Vorverurteilung als „Nazi" dazu, dass viele Skinheads wirklich begannen, sich mit dieser Rolle zu identifizieren, so verschärfte sich in der DDR die Situation dadurch, dass alles Spießige, Verhasste, die gesamte gesellschaftliche Doppelmoral von „links" kam. „Zu viel Rotlicht macht braun", hieß die Parole. Die Reaktion der Staatsgewalt – Klub- und Gaststättenverbote, ständige „Zuführungen" durch die Polizei und andere Schikanen bei gleichzeitiger Passivität gegenüber wirklichen Rechtsradikalen – führte lediglich dazu, dass viele Ostskins 1988/89 die Haare auf Hooliganlänge wachsen ließen und den Schulterschluss mit den besser organisierten „Faschos" suchten. Die wiederum wurden kaum zur Kenntnis genommen, geschweige denn behelligt, während antifaschistische Initiativen, die auf Übergriffe von Neonazis aufmerksam machen wollten, verboten, ihre Mitglieder mit Ordnungsstrafen und Verhaftungen überzogen wurden. Schließlich galt der Faschismus im klassenlosen Arbeiter- und Bauernstaat als nicht existent. Da machte es sich nicht gut, wenn die Polizei ständig neonazistische Schlägertruppen ausheben musste. So wurden Anzeigen schwerverletzter Jugendlicher, die von namentlich bekannten Skinheads zusammengeschlagen worden waren, einfach nicht aufgenommen. In zahlreichen Fällen standen Volkspolizisten sogar tatenlos daneben, wenn Fascho-Skins ausländische Arbeiter, Punks oder andere oppositionelle Jugendliche überfielen. Dialog zwischen einem Potsdamer Jugendlichen, der gerade einem Überfall entkommen war, und einem Streifenpolizisten im Mai 1989: „Da vorne werden Leute von Faschos verprügelt." Polizist: „Sie fahren die Einbahnstraße verkehrt herein." Jugendlicher: „Verstehen Sie nicht, was dort vorne passiert?" Polizist: „Jetzt geht es darum, dass Sie die Einbahnstraße falsch befahren."

Plakative Erfüllung des antifaschistischen Verfassungsauftrags durch wenige Schauprozesse und undifferenzierte Ausgrenzung aller Glatzen, hämisch-freundliche Duldung faschistischen Terrors im Skinhead-Outfit gegen missliebige Jugendkulturen und Ausländer, solange es nicht im Scheinwerferlicht der Öffentlichkeit geschah – besser hätte man sich sein rechtsradikales Potential nicht heranziehen können. Die Folge: Selbst den rechten Skinhead-Gangs der Westberliner Bezirke graust inzwischen vor Begegnungen mit ihren entfesselten östlichen Brüdern.

S.H.A.R.P.: SKINS GEGEN RASSISMUS

Anfang 1988 beginnt ein Umschwung in der deutschen Skin-Szene. Via England treffen Informationen über eine neue Initiative ein, die sich soeben in den USA gegründet hatte: S.H.A.R.P. – Skinheads Against Racial Prejudice. Innerhalb weniger Monate schließen sich Glatzen in allen bundesdeutschen Großstädten der Bewegung an, was eigentlich nicht viel mehr bedeutet, als dass sie mit antirassistischen Aufnähern durch die Gegend laufen. Aber immerhin, die S.H.A.R.P.-Skins werden zu bevorzugten Prügelgegnern ihrer rechtsgescheitelten Zwillingsbrüder.

Gut 1.000 Skins zählen sich inzwischen in der Bundesrepublik dazu. Einige wenige fühlen sich als Redskins der Linken verbunden, die meisten bezeichnen sich jedoch als „unpolitisch". Mit eben einer Ausnahme: „Ein Skinhead kann kein Rassist sein, schon allein, weil es pervers wäre, sich für schwarze Musik zu begeistern und andererseits die Musiker wegen ihrer Hautfarbe und Kultur zu verurteilen", heißt es in einem S.H.A.R.P.-Flugblatt. „Ein echter Skinhead tanzt Ska und Reggae und verprügelt keine Ausländer." S.H.A.R.P. ist ein Versuch, die Diktatur der Mode umzukehren, den Rechten den Nachwuchs abspenstig zu machen. Boneheads sind dumm und out, lautet die Botschaft, wer heute als Skin was auf sich hält, der muss sharp sein. „Stay rude against the fascist regimes/Stay rebel against politicians' dreams/Stay rude and light back against injustice/Stay rebel against racial prejudice/Skinheads remember your roots/Think with your brain and not with your boots/Stay rude – stay rebel/Stay rebel stay S.H.A.R.P." (*No Sports*).

Stanley aus Lübeck ist einer von ihnen. Der 24-jährige gelernte Fleischer jobbt als Hilfsarbeiter und nebenbei in einer Plattenfirma. Wie viele Skinheads war er früher Punk. Politisch interessiert, noch nicht engagiert. Seine Liebe zur Glatzen-Bewegung erwachte mit der Oi!-Musik. Man begegnete sich zwangsläufig bei Konzerten, auch wenn die meisten Skins in Lübeck damals „alles rechte Idioten oder Leute aus der Fankurve" waren. Und mit Fußball hatte Stanley nun gar nichts mehr im Sinn, seitdem ihn ein Trainer mal in früher Jugend zu lange auf der Ersatzbank schmoren ließ.

Stanley fühlte sich eher in der „Alternative" wohl, einem autonomen Jugendzentrum, in dem sich Frauen- und Schwulengruppen, Grüne und Antifas trafen. Nur Leute mit „Kurzhaarsyndrom" waren dort nicht gerne gesehen. Als Stanley eines Tages kahl geschoren auftauchte, erhielt er Hausverbot. Zur Bestätigung tauchte in der Szene ein Foto von ihm auf, natürlich mit ausgestrecktem Arm. „Das waren gestellte Fotos vom *Goldene-Zitronen*-Konzert. Ich war da mit ein paar Leuten, die auch keinen Bock mehr hatten auf das intolerante Gehabe der linken Szene. Wir haben so aus Spaß die Arme gehoben und einer hat Fotos für sein Album zu Hause gemacht. Und ich bin dann plötzlich in der Antifa-Kartei als Fascho aufgetaucht. Ohne mit mir darüber zu reden." Heute, meint Stanley, würde er nicht mehr „aus Fun" den Arm heben, aber „damals war ich noch jung. Da hat man so was als Provokation gemacht. Und an meiner Bomberjacke hab ich gleichzeitig den schwarzen Stern getragen."

Stanley hing auch als Glatze noch lange am liebsten mit Punks herum. Mit Fascho-Skins wollte er nichts zu tun haben und andere gab es kaum in Lübeck und Umgebung. Erst durch S.H.A.R.P. hat sich das verändert. Nun stoßen Leute dazu, die früher schon auf Ska oder Oi!-Musik abfuhren, aber zur Szene wegen ihres Nazi-Images lieber Abstand hielten. Auch für Stanley war die erste Begegnung mit

S.H.A.R.P. ein Flash. „Plötzlich gab es da Leute, mit denen ich trinken, tanzen, die gleiche Musik hören und auch noch mit denselben Ideen im Kopf über Politik reden konnte."

Das Hausverbot in der „Alternative" ist inzwischen aufgehoben, er kann dort sogar Konzerte veranstalten, auch wenn das nicht immer risikolos abläuft. Als bei einem Reggae-Festival zwei Dutzend Glatzen erschienen, lösten vorschnelle Antifa-Kämpfer Telefonalarm aus. „Die standen plötzlich alle mit Knüppeln da, um die ‚Faschos' abzuwehren." Weil's so schön einfach ist: Glatze plus Bomberjacke gleich Nazi. „So machen es die Faschos auch: Wer bunte Haare hat, ist ein Punk und bekommt eins drauf. Aber bei denen weiß ich, dass sie intolerant sind. Das Schlimmste für mich ist, wenn Linke genauso sind, bei denen ich davon ausgehe, dass sie denken, und die durch Leute wie mich, die Skins und Antifaschisten sind, eigentlich mitbekommen haben müssten, dass nicht alle Skins rechts sind. Das ist einfach dumm und ärgerlich, wenn Linke mir erzählen, sie wollen keine Skins bei sich haben, weil man die ja so schlecht unterscheiden kann. Dann müssen sie sich eben darum bemühen. Ich find das auch einfach blöd, wenn sich sofort ein halbes Dutzend Linke auf einen Fascho stürzt, der sich vielleicht mal, weil er neu in der Gegend ist, in unseren Laden verirrt hat. Wenn er rechte Aufnäher hat, sollen sie die ihm abreißen und ihn gehen lassen. Aber diese grobe Intoleranz kann ich nicht haben."

Gegenüber neonazistisch organisierten Boneheads vertritt Stanley allerdings einen klaren Kurs: „Die einzige Sprache, die diese Leute verstehen, ist die, dass sie eine aufs Maul kriegen. Ich hab früher versucht, mit denen zu diskutieren, aber das geht einfach nicht. Die sind hohl. Doch ich guck vorher wenigstens genau hin, ob jemand nun wirklich Fascho ist oder nur nicht intelligent genug, um beispielsweise zu erkennen, dass nicht die Ausländer uns die Arbeitsplätze wegnehmen, sondern die Arbeitgeber. Mit dem versuche ich zu reden und die *Bildzeitung* mit meinen Argumenten zu widerlegen. Das ändert bestimmt kurzfristig nichts, aber wenn ich auf der Arbeit drei Jahre lang mit einem Typen zu tun habe, dann hat das schon eine Wirkung."

THÄLMANN, LENIN, STALIN

Berlin-Lichterfelde. Eine Reihenhaussiedlung. Eigentumswohnungen. Wenige hundert Meter weiter endete einst die Welt. Zumindest für die Menschen auf der anderen Seite der Mauer. Doch Ugly (22) und Margit (19) wohnen schon immer auf der richtigen, der Marlboro-Seite, auch wenn ihre Wohnung auf den ersten Blick wie ein FDJ-Jugendklub der kalten Fünfziger aussieht. Dutzende realsozialistische Orden und Buttons schmücken eine rote Fahne über dem Bett. An der Wand schräg gegenüber hängen drei Poster: Thälmann, Lenin, Stalin. Keine Provokation, kein Gag. Hier versammeln sich Uglys Idole. Ernst Thälmann ist „der beste deutsche Arbeiterführer" (gewesen, leider), und der Untergang des Sowjetreiches hat für Ugly erst nach Stalin begonnen, nämlich mit dem Revisionisten Chruschtschow. „Klar, Stalin hat am laufenden Band die Falschen umgebracht, das hat ihm natürlich wenig Ruhm eingebracht ..."

Ugly ist einer von vielleicht hundert Redskins im wiedervereinigten Deutschland. Einst Mitbegründer der Roten Garde in Berlin, heute Herausgeber eines mehrsprachigen Redskinzines und S.H.A.R.P.-Aktivist. Zwischendurch Punk, aber nur kurzzeitig. „Ich hab eine Lehre gemacht, bin arbeiten gegangen und konnte da nicht den ganzen Tag am

Bahnhof herumhängen, schnorren und saufen." Grundsätzlich hat Ugly nichts gegen Alkohol, es wäre auch unpassend bei seinem Job als Kneipier. „Mich hat es nur gestört, dass es Lebensinhalt war. Dass sich bei den Punks alles danach richtete, möglichst schnell Geld für das nächste Sixpack zusammen zu bekommen."

„Die meisten Punks, die ich kannte, wussten gerade mal das Wort Anarchie zu schreiben, und das war's auch schon. Die hatten von nichts 'ne Ahnung", stimmt Margit zu. Sie ist seit zwei Jahren bei den Skins. Seitdem sie mit Ugly zusammen ist. Ein typischer Einstieg: „Freundin von ..." Damals war sie eine von ganz wenigen Frauen in der Clique. „Da kamen schon öfter dumme Sprüche. Heute nicht mehr. Weil wir inzwischen mehr Frauen geworden sind. Das hat das Klima doch sehr verändert. Wenn heute noch einer einen Spruch bringt, kriegt der sofort böse Blicke und ihm wird erklärt, dass er das bei Kalle am Schultheiß-Imbiss machen kann, aber nicht bei uns."

Dennoch gelten auch Redskins in der linken Szene als sexistisch. Mitglieder der Antifa-Jugendfront berichten von Vorfällen, wo sie „übel angemacht" wurden. In der autonomen Kneipe KOB sind die VerkäuferInnen des S.H.A.R.P.-Magazins *Skintonic* unerwünscht, bei Oi!- oder Ska-Konzerten darf die Gruppe das Publikum nicht mehr mit einem Infostand verwirren. Begründung des Kneipenkollektivs: Sexismus. Margit: „Ausgerechnet! In der Punk-Szene ging das viel härter zu. Da gab es wirklich massenhaft Sexisten vom Feinsten. Die fielen dich im Gebüsch an, wenn du vorm Rauchhaus mal pinkeln gegangen bist, weil das Klo wieder mal kaputt war."

Think positive! gegen *No Future!* – Auch Skins, für die es eine Horrorvision ist, eines Tages als Spießbürger mit einer

Flasche Bier im Arm vor dem Fernseher einzuschlafen, haben Ziele. Ganz oben auf der Wunschliste: Familie und Arbeit. Menschen, die keine klare Perspektive haben, sind ihnen suspekt. Mit Punks haben fast alle ihre Probleme. „Asseln", „Penner", „Asis" – gängige Bezeichnungen auch unter S.H.A.R.P.- und Redskins für die ehemaligen Saufkumpane.

Als Ugly die ersten Skins kennen lernte, hatte er jedenfalls noch einen „Iro" auf dem Kopf und ein Bier in der Hand. „Ich saß rum, da kamen Skins vorbei, erst wollten sie mir vorn Schädel hauen, und dann bin ich mit denen trinken gegangen und hab festgestellt, mit denen kann ich mich wesentlich besser identifizieren. Was für mich Punk war, war eigentlich Skinhead." Protest, Rebellion, Politik. „Politik fängt für mich an, wenn ich zur Arbeit gehe. Wie viele Stunden muss ich arbeiten? Kriege ich fünf Prozent mehr oder zehn? Das ist Politik. Aber ich zwinge niemandem meine Meinung auf. Wenn sie jemand hören will, erzähl ich sie ihm. Aber ich sag nicht, du musst jetzt unbedingt Marxist-Leninist werden. Ich hab schon bestimmte Anforderungen an Menschen, doch wenn der antifaschistische Konsens da ist, kann ich mich mit einem Sozial- oder Christdemokraten genauso unterhalten wie mit Anarchisten oder Trotzkisten. Wenn die allerdings nicht gegen Faschismus sind, dann klappt's nicht mit uns."

Die Zeiten sind vorbei, in denen Ugly noch mit Jungnazis und Unpolitischen gemeinsam an U-Bahn-Ausgängen herumhing oder versuchte, in der Kneipe rechte Sprüche nur mit der „Internationalen" zu übertönen. „Bald fing das so an, dass wir von irgendwelchen Rechten was vor den Kopf gekriegt haben. Also ging das natürlich nicht mehr. Glücklicherweise sind die Fronten seit zwei Jahren so verhärtet, dass kein Schwimmen möglich ist. Wenn ich jetzt einen von denen im Konzert sehe, geht er entweder oder es gibt eine Reiberei." Dass er auf diese

Weise vielleicht schon so manchen potentiellen „Überläufer" wieder in die rechte Szene zurückgeprügelt hat, interessiert ihn nicht. „Ich kann nicht neben einem Rechten stehen und mit dem tanzen, wenn ich weiß, der überfällt nachher wieder Türken oder Freunde von mir, weil sie einen S.H.A.R.P.-Aufnäher tragen." Normalerweise boykottiert Ugly Läden, in denen Nazis Zutritt haben. „Wenn ich weiß, ein Döner-Laden gehört den Grauen Wölfen, dann kauf ich mir da auch kein Döner. Und ich geh auch in keine Kneipe, wo der Wirt ein Rechter ist. Ich versuche halt, mein Geld in linken Kreisen auszugeben, damit es nicht für falsche Sachen missbraucht wird. Dann zahl ich auch lieber mal ein paar Mark mehr."

Für den gelernten Blechschlosser sind Skinheads ein Teil der Arbeiterbewegung. „Kids aus der Arbeiterklasse, die ihren Spaß haben wollen und einen anderen Lebensstil als den, den der Staat will. Der Staat hat ja seine Schablone, da müssen alle durch, und wer nicht passt, der ist Subkultur. Und wir wollen halt nicht mit 20 heiraten und mit 22 gute deutsche Kinder kriegen." Was nicht etwa bedeutet, dass Ugly und Margit keine gemeinsame Lebensplanung hätten. Auch linke Skins leben nicht einfach in den Tag hinein. Margit: „Wenn ich mein Abitur geschafft hab, versuch ich einen richtigen Beruf zu kriegen und arbeiten zu gehen, während Ugly den Haushalt macht. Weil ich hab hausfrauenmäßig gar nichts drauf, außerdem verdiene ich wohl mit Abi mehr Geld als er, und ihm bereitet Kochen und Ordnung halten sowieso ziemlich viel Spaß."

Die „Bunte Hölle" macht ihrem Namen wirklich alle Ehre. MitarbeiterInnen aus den umliegenden Redaktionshäusern der Medienmeile Potsdamer Straße mischen sich dort nach Feierabend mit StudentInnen und MusikerInnen,

Kicker-Fans und Skins zu einem multinationalen Völkchen. Nur Kreuzberger und Boneheads fehlen. Den einen „ist wohl die autonome Mauer zu hoch oder die finden ihre Pässe nicht“, mutmaßt Wirt Ugly, die anderen dürfen nicht. Die „Bunte Hölle“ ist die Berliner Hochburg der S.H.A.R.P.-Skins. Die meisten Gäste sind über 20. Auch in Uglys und Margits privater Clique fehlen Teenies. „Wir sind die Jüngsten. Ich glaube, dass die meisten, wenn sie mit 15, 16 schon Skins werden, erst mal zu den Rechten gehen. Dann irgendwann, wenn sie sich überlegt haben, wo Skinheads eigentlich herkommen, kommen sie zu S.H.A.R.P. 90 Prozent von uns haben früher mit Rechten herumgehangen. Ob sie nun die Einstellung hatten oder nicht, aber Skinhead bedeutete halt rechts, das hast du ja täglich in den Medien gelesen.“

DIE DRITTE GENERATION

„Wir unterscheiden mittlerweile drei Generationen bei unserer Arbeit“, erzählt Thomas Draxler, Mitarbeiter des Hamburger Skinhead-Projektes *offside*. Die erste Generation stieß in den frühen 80er Jahren zur Skin-Bewegung, kannte noch die Ursprünge und hielt auch engen Kontakt zur GB-Szene. Zum Tätowieren und Einkaufen von Klamotten fuhr man regelmäßig über den Kanal. Doch nach der Ermordung von Ramazan Avci zogen sich die meisten zurück, ließen sich die Haare wachsen oder allenfalls noch am Wochenende beim HSV sehen. Als Glatzkopf in der Stadt herumzulaufen, war gefährlich geworden – nicht nur für Rechte. In Kneipen und Konzertsäle kam man nicht mehr hinein, in der U-Bahn lauerten türkische Jugendgangs und autonome Streetfighter, die ungern differenzierten.

Die nächste Generation fand sich eher still und heimlich an der Peripherie der Stadt zusammen, fiel auch durch Aktionen nicht besonders auf. Doch mit der neuen, dritten Generation wurde alles wieder anders. Thomas Draxler: „Das sind die 13-16-Jährigen, die ohne viel Hintergrundwissen, was Skin-Sein und Skin-Kultur bedeutet, sich aus Provokation kurze Haare schneiden, Doc Martens und Bomberjacken anziehen und sich bewusst in ihren Stadtteilen zusammenrotten, um ihr neues Machtgefühl zu dokumentieren." Kontakte zwischen den Generationen bestehen kaum. Die Jungen sind den Rüpeln früherer Jahre zu brutal. „Sie wollen mit denen nichts zu tun haben. Bei den Älteren gab es noch so einen Ehrenkodex, ähnlich wie bei den Rockern früher, also zum Beispiel, nicht mit Waffen zu kämpfen und nur Mann gegen Mann. Das kennen die Jungen überhaupt nicht. Vor einigen Monaten wurde hier eine türkische Frau vor ein Auto geschubst. Wir haben mit den älteren Skins darüber gesprochen und die meinten, die Leute müssen nicht ganz dicht sein, die so was tun, das sei eine Asi-Aktion gewesen. Selbst wenn es eine Türkin ist, die schmeißt man nicht vors Auto."

Auch *offside* hat zu den Jungskins keinen Kontakt. In ganz Hamburg gibt es keinen einzigen Sozialpädagogen, der mit Glatzen arbeitet. Also gibt es auch keine Jugendhäuser, keine nichtkommerziellen Treffpunkte, keine Beratung bei individuellen Notlagen, keine Deeskalationsversuche. Rechte Organisationen füllen dieses Vakuum gerne, stellen den Kids Freiräume zur Verfügung, wo sie ihre Musik hören können und nicht gleich aufgrund des Outfits angemacht werden. „Da überlässt die Pädagogik den Rechten das Feld."

offside stellt für interessierte Skins noch ein Extraproblem dar: Das Projekt hat zwar ein wunderschönes Haus am S-Bahnhof Holstenstraße zur Verfügung, doch liegt das

Gebäude exakt zwischen zwei links besetzten Stadtteilen, zwischen Altona und dem Schanzenviertel. Thomas Draxler: „Mittlerweile wird das Haus von so gut wie keinem Skin mehr besucht. Wenn überhaupt mal jemand vielleicht wegen eines persönlichen Problems mit uns sprechen will, kommen sie meistens nicht einzeln, sondern zu zweit oder zu dritt." Umgekehrt ist es für einen einsamen Punk oder Autonomen auch nicht ratsam, sich in bestimmten Vorortbezirken zu langweilen. Denn dort wachen die jungen Skins sehr genau darüber, dass ihre Reviergrenzen nicht überschritten werden.

Und bei ihnen tragen die langjährigen Agitationsversuche der Neonazis auch allmählich Früchte. Während die alten Skins gemerkt haben, dass sie nur als Prügelknaben für eine Ideologie, die nicht die ihre ist, missbraucht werden sollen, und deshalb auch schon mal allzu aufdringlichen FAPlern Schläge androhen, nehmen die Jungskins Angebote wie Ordnertätigkeiten für einen Zehner, „Wehrsport", Wochenendfahrten oder die alltägliche Nutzung meist privater Wohnräume gerne an. Schließlich hat man ja die gleichen Gegner: Punk-„Asseln" und autonome „Zecken".

Nach Einschätzung der Hannoveraner Fußballexperten Gunter A. Pilz und Klaus Sengebusch sind Skinheads und Hooligans nicht die neue Avantgarde der Rechten, jedoch ein großes Potential für den Fall, dass es einer rechtsradikalen Partei oder Bewegung gelingt, auf „demokratischem" Wege gesellschaftlich breite Anerkennung zu erringen. „Fans wie Skins haben nicht, wie zum Beispiel Kühnens ANS/NA, die Zerstörung der demokratischen Grundordnung und die Bekämpfung der Gesellschaft im Visier, sie verstehen sich im Gegenteil eher als deren Hüter und Beschützer, als Garanten von Recht und Ordnung. Dies macht es auch verständlich, warum Skins und Fans/Hooligans die Hafenstraße in

Hamburg oder das Sprengelgelände in Hannover zu Angriffsobjekten auserkoren haben. Sie sehen in Besetzungen einen Verstoß gegen Recht und Ordnung und verstehen nicht, wenn sie bei ihren Versuchen, dies zu ändern, von der Polizei daran gehindert werden. Ja, sie machten sogar der Polizei Angebote, gemeinsam mit ihr oder zumindest unter Duldung durch sie in der Hafenstraße wieder für ‚Recht und Ordnung' zu sorgen."

Hier trifft sich die Randale-Fraktion mit den Politschwätzern von der Partei, und selbst die HSV-Hools, die ansonsten die Jungskins in ihren Reihen allenfalls dulden, oft auch wegjagen, werden großmütig, wenn es gegen die Hafenstraße und den St.-Pauli-Kiez geht. War dort früher ein Mal im Monat Alarmbereitschaft, später bei jedem HSV-Heimspiel, so finden heute Wochenende für Wochenende Schlägereien zwischen Autonomen und Rechten statt.

Mag sein, dass dabei gegensätzliche Lebenswelten aufeinanderprallen, meint Thomas Draxler, aber „Politik" im engeren Sinne spiele keine wichtige Rolle mehr. „Hooligans und Skins von Flensburg bis Passau wissen inzwischen, dass es in der Hafenstraße einen starken Gegner für sie gibt. Um politische Inhalte geht es schon längst nicht mehr. Wir stellen allerdings fest, dass die Brisanz zunimmt. Es wird auf beiden Seiten aufgerüstet zum Fascho- oder Autonomenklatschen."

„DIE DENKEN ALLE, SKINS SIND BLÖDE."

Ein Gespräch mit Peter, 22 Jahre, Krankenpfleger. Hamburger Skinhead seit 1985.

Was heißt es für dich, ein Skin zu sein?
Also für mich ist das mehr die Kultur, weniger die politische

Richtung, wie das immer in den Medien dargestellt wird. Skin-Sein, das sind für mich die Kollegen, ein bisschen Spaß haben, die Musik ist gut, einfach das Beieinandersein.

Welche Musik hörst du?
Punk, Oi! So die Besseren: *Cockney Rejects*, *Cock Sparrer*, *Business* ...

Wie groß ist eure Gruppe?
Vielleicht noch 10, 15 Leute. Mehr nicht. Und am Wochenende sind es so zwischen 30 und 300. Aber das sind eben mehr so Fußballgeschichten. Das vermischt sich dann mit Hooligans und anderen.

Habt ihr einen festen Treffpunkt?
Die wechseln immer ziemlich schnell. Mal werden die von der Behörde geschlossen, mal wird uns der Zutritt von der Polizei untersagt, mal schmeißt die Kneipe uns raus, mal kriegen die, wie jetzt auf dem Kiez passiert, Bombendrohungen aus der autonomen Szene.

Warum bist du gerade mit Skins zusammen? Was vereint euch?
Musik. Dann ist eine große Zusammengehörigkeit in der Gruppe. Es sind gute Kollegen, man kennt sich schon vier, fünf Jahre. Es ist einfach lustig. Man sitzt zusammen, trinkt einen. Also viel steckt da nicht hinter.

Könntest du dir vorstellen, eines Tages in der Punk-Szene zu landen?
Nee, das ist zu verrotzt, zu dreckig. Die Leute sind mir echt zu fertig. Auch mit Drogen und so.

Aber musikalisch habt ihr doch zum Teil dieselben Wurzeln?
Ja, das stimmt schon. Aber es hat sich ziemlich getrennt. Das liegt vor allem an der Politik, was von den Medien auch aufgebauscht wurde. Für die waren Punks links, Skins rechts. Wenn man als 14-Jähriger immer in der Zeitung liest, rechtsradikale Skins haben dies gemacht, rechtsradikale Skins haben das gemacht, da guckt man zu denen hoch und will auch so werden. Man nimmt einfach das Meinungsbild so an. In Hamburg gibt's heute eine Menge junger Skins, die sind fast alle rechtsradikal. Und die stehen voll in der Politik. Die machen auch bei Parteien mit. Bei den älteren Leuten ist das eigentlich weniger.

Also für dich war das politische Image der Skinheads nicht ausschlaggebend?
Nein. Also früher, als ich noch so 15, 16 war, da hab ich auch alles mitgemacht, mir so 'n FAP-Plakat in mein Zimmer gehängt und so 'n Schwachsinn. Da hat man eigentlich gar nicht weiter drüber nachgedacht.

Was war denn für dich der letzte Kick, dich den Skins anzuschließen?
Da kommt man so langsam rein. Man lernt die Leute kennen. Und irgendwann schneidet man sich dann auch die Haare. Die Leute, die anfangen, sind meistens 14, 15, 16 Jahre alt, und da überlegt man sich nicht so toll, was man da macht. Und irgendwann ist man dann in der Gruppe so gefestigt und bleibt dabei. Aber dieser ganze Rechtsradikalismus, das ist überhaupt nicht mein Ding. Auch dieses Einzwängen in eine Gruppe, „du machst jetzt, was ich sag", von oben herunter und so, dieses ganze Strammstehen in der Partei und so, diese ganzen Sachen sind überhaupt nichts für mich. Und

eigentlich widerspricht sich das auch mit dem Weltbild der Skins von früher, muss ich ehrlich sagen. Die Leute wollten auf der Straße machen, was sie wollten, wollten zu ihrer Herkunft stehen, zur einfachen Arbeiterklasse, das hatte damals überhaupt nichts mit Politik zu tun. Anfang der Achtziger hat dann allerdings in England die National Front Zulauf von Skins bekommen. Und England war immer ein Vorbild für die meisten Leute hier. Da gab's die meisten Skins, da kam die Musik her.

Wie bist du denn damals an die FAP geraten?
Gerade zu Jungskins kommen die Parteien natürlich, weil sie wissen, die Leute haben noch kein gefestigtes Weltbild und die kann man tierisch leicht beeinflussen. Irgendwann drücken dir irgendwelche Leute das Material in die Hand. Aber zwei Jahre später haben wir schon FAP-Leute, die für die Wahl werben wollten, verjagt.

Warum?
Weil das Arschlöcher sind. Die wollen einen wirklich nur ausnutzen. Macht mal Saalschutz für uns oder so, kriegt ne Kiste Bier dafür. Die denken, alle Skins sind blöde.

Verstehst du dich überhaupt als politisch denkenden Menschen?
Ja, eigentlich schon. Ich interessiere mich sehr viel für Politik. Ich verfolge schon, was so passiert. Aber meistens kann man sich über Politiker mit ihren Sprechblasen nur aufregen. Mein politisches Denken beschränkt sich eigentlich auf mein Umfeld.

Du hast den Kriegsdienst verweigert und Zivildienst geleistet. Ist das nicht eher ungewöhnlich innerhalb der Skin-Szene?

Ja, aber ansonsten kenne ich schon einige. Bundeswehr ist für mich auch Strammstehen, Obrigkeit, mir von irgend so einem Knispel, der vielleicht noch ein paar Jahre jünger ist als ich, was sagen lassen. Also Bundeswehr ist doch absolut sinnlos. Für mich. Einige Jüngere sehen das bestimmt anders.

Sind die Unterschiede zwischen den Skins in deinem Alter und den ganz Jungen eigentlich sehr krass?
Ja. Wir haben wirklich schon unsere Sturm-&-Drang-Zeit hinter uns, wir wollen unsere Ruhe haben, zusammen einen trinken. Und die Jüngeren sind teilweise völlig abgedreht. Da wird in der U-Bahn irgendeine Türkenmammi verprügelt oder so. Man hat mit denen also wirklich keinen Kontakt.

Wie erklärst du dir, dass die Jüngeren so hart drauf sind?
Ein bisschen vorbelastet sind die wohl schon durch ihre Sozialisation. Vielleicht wurde der eine von seinem Papi geschlagen und haut jetzt auf andere Leute zurück. Andererseits durch das, was man eben so in den Zeitungen liest. Da haben wieder Skins zugeschlagen, „Sieg Heil" gerufen usw. Die lesen das und sagen, geil, da will ich auch mal dazugehören. Also die Presse hat das schwer forciert. Nachdem der Türke erschlagen wurde, war die Berichterstattung in der Presse nur noch aggressiv. Da wurde nichts mehr differenziert. Die haben sich über Faschisten aufgeregt und die gleiche Berichterstattung wie die gemacht. Bei den Hooligans wird sich das auch so entwickeln. Die Hooligans waren jahrelang völlig unpolitisch, aber in jeder Zeitung in Hamburg steht dauernd nur was von „rechtsradikalen Hooligans". Bei uns im Stadion haben Hooligans mal Parteileute mit „Nazis-raus"-Rufen aus dem Stadion geprügelt. Kameras von Tele 5 haben das gefilmt. Die wollten gerade einen Bericht über

Hooligans machen. Aber das ist nie gesendet worden. Das passte nicht ins Bild – also ab ins Archiv.

Wie hoch ist denn deiner Einschätzung nach der Anteil an Rechtsradikalen unter den Hamburger Skins?
Also von den Leuten, mit denen ich so zusammen bin, sind das wenige. Und das ist auch mehr Provokation. Was ist rechtsradikal? Rechtsgerichtet vielleicht sind einige. Aber Max Streibl ist auch rechtsgerichtet. Und der ist Ministerpräsident von Bayern. Das kommt immer auf die Einschätzung an. Wenn jemand sagt, man soll den Zuzug von Ausländern begrenzen, dann sagen einige Leute, das ist vernünftig, und die *taz* schreibt, das ist ein Nazi.

Und was sagst du dazu?
Schwierig. Also den Zuzug sollte man schon begrenzen. Dass man das Asylrecht ändert, ist irgendwann unumgänglich. Irgendwann ist das Limit erreicht. Man muss sich das ja wirklich mal angucken: Alle Notaufnahmelager sind voll, die Leute hausen auf der Straße, es gibt keine Wohnungen mehr. Hier herrscht jetzt schon das totale Chaos.

Das normale Chaos einer bunten, multinationalen Großstadt. Warum ist dir das unangenehm?
Ich finde es eigentlich teilweise recht angenehm. Aber was zum Beispiel diese türkischen Jugendgangs hier früher abgezogen haben, das war doch recht herbe. Inzwischen ist das ja eingeschlafen.

Bist du selbst mit denen aneinandergeraten?
Ja. Ich sitz da mal so in der S-Bahn, will nach Hause, war gerade im Plattenladen, da stehen auf einmal zehn Typen vor

mir: „Na, du Nazi, was ist? Was guckst so doof!“ Und der eine zieht sein Messer. Und dann sieht man natürlich wirklich doof aus. Aber das ist jetzt weniger geworden. Vor zwei Jahren konnte man als Skin nicht in Ruhe S-Bahn fahren.

Gibt es Hierarchien in eurer Gruppe?
Nein. Man kennt sich schon so lange.

Wer hat bei euch das Sagen? Wer hat mehr Einfluss als die anderen?
Das ist wie in allen Cliquen: der mit dem größten Mundwerk.

Ist die körperliche Stärke ein Kriterium?
Eigentlich weniger. Für einige Leute ist das wichtig, mich interessiert das nicht.

Spielen körperliche Auseinandersetzungen überhaupt eine Rolle?
Kommt mal vor. Gerade auf dem Kiez lässt sich Ärger ja nicht vermeiden. Wenn man da abends in der Kneipe sitzt, 300 Meter von der Hafenstraße entfernt, und da kommen dann mal Linke vorbei ... Manchmal provoziert man das natürlich auch, ganz klar. Manchmal hat man einfach Bock auf ein bisschen Keilerei. Wenn man gerade zu Hause Ärger hatte oder so. Aber dann prügelt man sich meistens mit Leuten, die da auch Bock zu haben. Das sind eben meistens Autonome. Und die machen das genauso. Ob die angreifen oder wir, das ist letztendlich völlig egal. Nur haben die Autonomen eine bessere politische Lobby hier in Hamburg. Die haben die GAL [Grün-Alternative Liste] auf ihrer Seite, die haben die *taz*. Für die sind Skins die letzten Monster und Autonome die fröhlichen Menschen aus den bunt bemalten Häusern am Hafenrand. Aber ansonsten ist es egal, wer da anfängt.

Ich find das auch legitim. Also mir ist das lieber, wenn man sich auf der Straße prügelt mit Leuten, die dazu Lust haben, als wenn ein Papi, der seinen Frust hat, seine Kinder schlägt oder seine Frau oder mit 220 über die Autobahn nagelt und dabei was weiß ich wie viele Menschenleben riskiert, wenn er einen Meter auffährt.

Wie ist dein Verhältnis zu Autonomen grundsätzlich?
Die Leute, die sich hier in Hamburg teilweise als Antifaschisten bezeichnen, sind letztendlich irgendwie Rotfaschisten. Die merken ja überhaupt nichts mehr. Die scheren alle über einen Kamm. Die arbeiten mit denselben Denkmustern wie Faschisten und haben auch nichts in der Rübe. Also einige sind dabei, die sind wirklich ganz vernünftig. Man trifft sich ja auch mal in der Kneipe und unterhält sich. Ist ja normal. Die ganzen alten Skins kennen ja auch noch viele Punks von '82 und so, als Punks und Glatzen noch zusammenhingen. Die Jüngeren sind herber. Letzte Woche war wieder irgendeine FAP-Demonstration und in der ersten Reihe nur Glatzen. Irgendwie ärgert einen das. Aber ich kann's nicht ändern. Und dann: Es gibt so viel Dreck und Gewalt in sog. intakten Familien, aber da schert sich keiner drum. Das passiert unter Ausschluss der Öffentlichkeit.

DIE DRITTE HALBZEIT

Der Fußball ist mit seiner notwendigen Disziplin
Und mit seiner Art, wie er die Teilnehmer
An Gefahr und Schläge gewöhnt,
ein wahrer kleiner Krieg.
Almanach des Sports, 1899

3. November 1990. Der FC Sachsen Leipzig empfängt im heimischen Stadion den FC Berlin. Ein Höhepunkt des DDR-Fußballs. So treffen gegen Mittag mehrere hundert Fans aus Berlin per Auto und Bahn in der sächsischen Metropole ein. Unter ihnen auch 300 Hooligans und Skins. Treffpunkt Bahnhof Leutzsch. Die Stimmung ist euphorisch. Man will es den „Sachsen, asozialen Sachsen“ noch einmal richtig zeigen. Erst den Spielern auf dem Rasen, dann dem gegnerischen Mob. Genau in dieser Reihenfolge. Denn die meisten wissen, dass es eine der letzten Gelegenheiten sein wird, die Erzrivalen gegeneinander spielen zu sehen. Doch die Leipziger Polizei hat an diesem Tag offenbar andere Pläne. Während den Letzten auf dem Weg zum Stadion noch Karten verkauft werden, wird den Ersten vorne von einer Polizeikette der Eintritt verwehrt. Die bunte Truppe aus Hooligans, Skins

und Normalo-Fans hat den Eingang des maroden Stadions noch nicht erreicht, als aus dem Pulk der Uniformierten ohne Vorwarnung Tränengasgranaten fliegen. Mehrere Hooligans in den vorderen Reihen reißen die Arme hoch, schwenken ihre Eintrittskarten und sogar Zugbillets. Die Polizei antwortet mit Gummiknüppeln, vereinzelt werden Hunde in die Menge gejagt, und immer wieder Gasgranaten, zum Teil gezielt in Kopfhöhe geschossen. Der Tränengasnebel wird immer dichter, die Hooligans – und zwangsläufig auch alle anderen Fans, ZuschauerInnen, SozialbetreuerInnen und MedienvertreterInnen, die sich unter ihnen befinden – ziehen sich hustend zum Bahnhof zurück. Ein LKW der Polizei setzt nach und entlädt weitere Chemiewolken über den Köpfen der Flüchtenden.

Am Bahnhof entzündet sich ein kurzer, wütender Disput. Ein großer Teil der Berliner Hooligans will jetzt gleich „die Eskalation mit der Polizei beginnen“. Doch eine Mehrheit, die unbedingt das Spiel sehen will, setzt sich durch. Irgendeiner kennt einen zweiten Stadioneingang. Das gibt den Ausschlag. Die Polizeisperre wird umgangen, ein erneuter Versuch gewagt: demonstrativ die Hände über die Köpfe haltend, Eintrittskarten schwenkend und „Keine Gewalt!“ oder „Wir wollen rein!“ skandierend. Eine Megaphonstimme verkündet jedoch, dass „die Berliner“ – ob Eintrittskarten oder nicht – heute überhaupt keinen Einlass finden würden. Wüste Beschimpfungen setzen ein, aus den hinteren Reihen schießen Leuchtraketen in den Himmel, die Polizei antwortet mit Tränengas, Knüppeln und Hunden. Same Procedure …

Der Mob rennt ein zweites Mal die 500 Meter zum Bahnhof zurück. Viele bewaffnen sich mit Latten, Steinen und Schotter von den Bahnanlagen. Ein Polizeitransporter nähert sich und wird sofort angegriffen. Die Besatzung flüchtet überraschenderweise und der LKW wird mitsamt einem gerade in der Nähe parkenden Trabi angezündet. Ein zweiter Polizeiwagen rast heran. Uniformierte springen heraus, schießen Gas in die Menge. Einige jüngere Hools sehen die Chance, sich einen Namen zu machen, stürmen vor, vertreiben die Polizisten und stecken auch deren Wagen an. Der Großteil des Mobs hat sich inzwischen allerdings auf die Gleisanlagen zurückgezogen und bewirft von dort aus die Polizei, die sich ihrerseits an einer Straßenecke gesammelt hat, gut 50 Meter vom Pulk der Hooligans entfernt und von ihnen durch einen Zaun sicher getrennt. Offensichtlich warten die Uniformierten nur noch auf das Signal zum Rückzug. Einige kicken immer noch herüberfliegende Steine mit ihren Schildern eher lässig weg. Die „dritte Halbzeit“ scheint zu Ende zu gehen.

Plötzlich fallen Schüsse. Einige Hools machen sich noch lustig: „Die schießen mit Gummi auf uns.“ Doch das Pfeifen in der Luft stammt von scharfer Munition. 59 Schüsse werden innerhalb der nächsten Minuten in die Menge gefeuert. Bilanz: Mindestens 15 Jugendliche mit Schussverletzungen, oft von hinten wie der Oberschenkeldurchschuss jenes Hooligans, der bei der Flucht in einen gerade einfahrenden S-Bahn-Zug von einer Kugel getroffen wird. Und ein Toter: der 18-jährige Fliesenleger Mike Polley.

Eine Woche lang bestimmen die Ereignisse von Leipzig die Titelseiten nicht nur der Sportpresse. Der fast einhellige Tenor: ein Skandal! Gemeint ist jedoch nicht die Tatsache, dass deutsche Polizisten, weil das Bedienungspersonal für Wasserwerfer gekündigt hat, bei Massenveranstaltungen mit scharfer Munition herumlaufen. Auf der Anklagebank sitzen die Opfer. „Blinder Hass von wilden Horden belastet wieder einmal den Fußball“, resümmiert der *kicker*. Keine Worte des Bedauerns, kein Aufschrei der Empörung, nicht einmal als die Leipziger Staatsanwaltschaft in schlechter, alter Tradition eine unabhängige Untersuchung verweigert, die Beweise wegschließt und den Todesschützen und seine Mittäter freispricht. Schließlich war das Opfer ein Hooligan und somit im Grunde selber schuld. Wer Randale sucht ... – da kann man schon mal großzügig darüber hinwegsehen, dass die Todesstrafe in Deutschland inzwischen abgeschafft ist.

MOGADISCHU-FEELING

„Es kann doch nicht angehen, dass die Polizei notorische, wandernde Krawallmacher und Chaoten immer wieder festnimmt und ihnen beim nächsten Zwischenfall doch wieder gegenüber steht", schäumt Weltkrieg-II-Offizier Hermann Neuberger im *kicker* und fordert ein „härteres Durchgreifen" gegen die „Feinde unseres gesamten Gesellschaftssystems, die keine Fans des Fußballs sind und so nicht bezeichnet werden dürfen". – „Im DFB herrscht mal wieder Mogadischu-Feeling", kommentiert erschöpft Dieter Both vom sozialpädagogischen Fan-Projekt in Berlin. „Welche drastischeren Maßnahmen ‚zur Abschreckung' kann es nach einem Schusswaffengebrauch mit Todesfolge noch geben?"

DFB-Boss Neubergers Vorschläge aus der Asservatenkammer längst verlorener Kriege – mehr Polizei, schärfere Vorkontrollen, Totalüberwachung und die allen Datenschutzbestimmungen widersprechende Forderung nach einer Weiterleitung der Personaldaten festgenommener Randalisten an den Privatveranstalter DFB! – seien genau die Mittel, „das Problem gewalttätiger Auseinandersetzungen Jugendlicher im Umfeld von Fußballspielen eher zu verschärfen denn zu lösen", hatten Experten wie Gunter A. Pilz bereits früher gewarnt. Ohne Erfolg: Die Aufrüstung in den Stadien ging weiter. Die Videoüberwachung wurde perfektioniert, die Leibesvisitationen wurden vervielfacht, Bier, Fahnenstangen und Konfetti aus den Arenen verbannt. All dies zu einem Zeitpunkt, als in den Stadien schon lange nichts mehr passierte. Denn während die „Neckermänner" auf den Tribünen unter den aggressiven Stimmungstötern litten, vergnügten sich die aus den Stadien verdrängten Streetfighter mit- bzw. gegeneinander in den Fußgängerzonen der Städte.

Damit wurden Fußballrandalisten endgültig zum Medienereignis. Die Öffentlichkeit forderte energische Maßnahmen, die Polizei geriet unter Druck und verhinderte von Saison zu Saison rigider die direkte Konfrontation der Fans. Gunter Pilz: „Die qualitativ und quantitativ gewandelten Polizeieinsätze haben nicht zur erhofften Befriedung der Fan-Szene beigetragen, sondern führen nur zu einer Verlagerung und Eskalation der Gewalttätigkeiten. Die Auseinandersetzungen haben sich ins Stadionumfeld, in polizeifernere Bereiche verlagert, und sie werden härter, brutaler, ungeregelter." Leuchtkugelstifte, Pflastersteine und andere „Distanzwaffen" ersetzen die Fäuste und Tritte. Aus Boxkämpfen sind „Materialschlachten" geworden. Der persönliche Sparringspartner ist plötzlich nur noch Teil eines anonymen Mobs – mit einer Hundertschaft Polizei als lebender Mauer dazwischen. Unangenehmer Nebeneffekt für die eingesetzten Beamten: Sie werden häufig regelrecht „verheizt". Aus dem neutralen „Schiedsrichter" früherer Jahre ist ein (Ersatz-)Gegner geworden.

Seitdem die Polizei die Spielregeln neu bestimmt hat, sind die traditionellen Selbstregulierungsmechanismen der Szene, die früher schwere Verletzungen verhindern halfen, außer Kraft gesetzt. Eine neue Generation wuchs heran, die die Situation so weit ausreizt, wie es die Polizei ermöglicht, für die Steine schmeißen und Leuchtkugeln automatisch zur Konfrontation dazugehören. Ständige Appelle in den Fanzines – „Hooligans without weapons" – verhallen ohne Echo. Mit der Verlagerung der Auseinandersetzungen in die Innenstädte zerfiel auch die Anbindung an die alte Fan-Szene. Immer weniger Wochenendrüpel kommen wirklich aus der Kurve. Hooligan zu sein, ist eine Modeerscheinung geworden. Vor allem unter Großstadtkids, die in den urbanen Wüsten immer weniger Möglichkeiten vorfinden, sich auszutoben, kurzzeitig auszubrechen aus dem weitgehend genormten Alltagstrott. Kaum eine andere Jugendszene findet so viel Aufmerksamkeit in der Öffentlichkeit. Kaum ein Fußballrabauke, der nicht zu Hause ein dickes Album mit Presseausschnitten hätte. Motto: „Ich war dabei." Für die Jüngeren zumindest ist die anschließende Zeitungsmeldung so wichtig wie die Aktion selbst. Auf jeden gewaltbereiten Hooligan kommen heute ein Dutzend voyeuristische Mitläufer. Schneller Ruhm und Ehre ohne Risiko. Aus der hintersten Reihe eine Leuchtkugel abschießen, können auch die Feigsten. Stefan, 22 Jahre, Student und seit vier Jahren in der Hooligan-Szene: „Wenn die Polizei einen Käfig aufmachen würde und die Leute da reinsteckt zum Prügeln, würde in kürzester Zeit das ganze Problem verschwinden, weil die meisten Leute das nur als Spektakel ansehen und froh sind, wenn Polizei da ist, weil sie eigentlich gar nicht die Konfrontation wollen. Wenn jetzt die Polizei mal wegbleiben würde, würden auch eine ganze Menge Leute wegbleiben."

Nicht so Tom, 23 Jahre, Speditionskaufmann. „Immer schon" Hertha-Fan. Seit acht Jahren Hooligan. Ganz oben in der Rangliste der „Guten". Einer der Ersten, der Kutte und

Schal gegen Bomberjacke und Jogginghose tauschte. „Als man jünger war, war das eine dufte Sache gewesen, so zwanzig Leute mit 'ner Kutte und jeder eine Palette Bier unterm Arm in die U-Bahn rein, das war schon was." Doch man wird ja älter. Irgendwann wirkt es peinlich, als wandelnde Ausstellung bunter Fanclubaufnäher gröhlend durch die Stadt zu wanken. Und gefährlich. „Denn da fing es ja langsam an, dass man die Polizei nicht mehr mochte." Die Deutschen hatten ein neues englisches Wort aufgegriffen: Hooligans.

„Das Hooligan-Sein ist mit Sicherheit ein Versuch, die Jugend hinauszuzögern. Weil ich unheimlich gern Jugendlicher war. Das war das Schärfste, was es gab. Da konntest du alles machen, auf das du Bock hattest. Hast es einfach gemacht. Was verboten ist, macht doppelt Spaß. Wo kann ich das denn noch machen – außer beim Fußball? Wenn ich mich alleine auf die Straße stelle und Scheiß mache, das interessiert doch keinen. Es heißt ja interessanterweise immer ‚die jugendlichen Fußballfans'. Jetzt guck dir mal den Altersdurchschnitt von unserem harten Kern an. Der ist sicher auch schon bei 22. Das sind doch keine Jugendlichen mehr."

Kickboxen unter Realbedingungen. Ein Städtekampf der Fans. Welcher Club hat „die Besten"? Wer rennt als Erster? Wie früher in der Schule, Klasse gegen Klasse. Oder Straße gegen Straße. Ein Männerritual, auch wenn ganz vereinzelt Frauen mitmischen. Den eigenen Schweinehund überwinden. Tom: „Sicher zittern einem vorher die Knie. Man ist aufgeregt und geht in 'ner Viertelstunde dreimal pinkeln. Immer noch. Nach so vielen Jahren. Bloß – das ist es auch, was irgendwo den Reiz ausmacht: die Angst zu überwinden."

Jeder kann mitmachen, auch ohne Kampfsporttraining. Der kurze Boxkampf ist ohnehin nur ein Moment des allwöchentlichen Abenteuerurlaubs. Die Jagd des gegnerischen

Mobs durch die Innenstädte, vorbei an einem unfreiwilligen Publikum mit vor Schrecken und Empörung geweiteten Augen, das gegenseitige Provozieren, die Gesänge und Rufe, das rhythmische Einklatschen sind andere Momente. Und erst die Fete danach rundet den Tag richtig ab. Nicht selten mit den Prügelgegnern von eben am selben Tisch. Zumindest die älteren Hools kennen sich, sind oft quer zu allen Vereinssympathien freundschaftlich miteinander verbunden. Man tauscht Fanzines aus, aber auch Schlafplätze und Kneipentipps. Tom: „Warum sollen das Arschlöcher sein, bloß weil die aus Hamburg oder Bochum sind? Du kannst mit allen gut quatschen und ein Bier trinken. Beim Schalke-Spiel zum Beispiel haben die Nürnberger die ganze Zeit bei uns in der Kurve gestanden, und nach dem Spiel haben sie uns ein bisschen was auf den Kopf gehauen. Und als die hier waren, da haben wir den Nürnbergern auf den Kopf gehauen, da kamen die später an, gut, heute wart ihr besser, und dann ist man zusammen ein Bier trinken gegangen."

„RECHTSRADIKALE" HOOLIGANS?

„Rechtsradikal" dürfte das häufigst verwendete Attribut zu Hooligans sein. Ob *taz*, *BILD* oder *Neues Deutschland*, Christen-Union oder Alternative Liste: Für die große Koalition der Denkfaulen steht fest, dass die Prügelknaben der Nation auch national prügeln – gegen Türken, Linke, Schwule. Als die Berliner AL-Abgeordnete Lena Schraut zur Teilnahme am Trauermarsch der Hooligans für Mike Polley aufrief, wurde sie von ihren FraktionskollegInnen in der *taz* barsch zurückgepfiffen. „Da kommen die nachher mit einem Transparent an: ‚Heil Führer!' Was ist denn dann?" Den Vogel schoss der

Arbeiterkampf des Kommunistischen Bundes ab, als er in seinem Bericht zum Leipziger Todesschuss einleitend konstatierte, die Ermordung des 18-jährigen Hooligans dürfte „in der linken Szene bei vielen sicherlich insgeheim eine gewisse Befriedigung ausgelöst haben. Wenn jedoch auch alles darauf hindeutet, dass die Ex-VoPos einen Skin erschossen haben, so gibt es doch genug Gründe, genau hinzuschauen, wie die nationale Öffentlichkeit darauf reagiert. Natürlich geht es für Linke anlässlich der polizeilichen Schießerei in Leipzig nicht darum, mit Trauer und Wut zu reagieren, zu grundverschieden sind die Umstände des Todesschusses in der einstigen ‚Heldenstadt' von tödlichen Polizeiaktionen gegen kleine Autoklauer oder eben gegen Linke – wie zum Beispiel beim Tod von Conny vor einem Jahr in Göttingen." Nieder mit dem Polizeistaat, es sei denn, er wende sich gegen „Rechte". Die dürfen schon mal erschossen werden, wenn sich eine günstige Gelegenheit bietet.

Schließlich ist es dem Artikelschreiber des KB-Organs nicht einmal peinlich, als Zeugen für seine Simpelthese Hooligans = Neonazis ausgerechnet einen Volkspolizisten nebst *Bild am Sonntag* zu zitieren: „In der *BamS* vom 4.11. kann mensch auf Seite 1 kurz und bündig lesen: ‚Skinheads und Neonazis zündeten Autos an, schossen mit Leuchtmunition auf die Polizei.' Da es schnell gehen musste, war für Verdrehungen offensichtlich keine Zeit. Ab Montag jedoch setzt sich das Wort von den ‚Hooligans' mehr und mehr durch, dient aber nicht der Präzisierung (denn sicherlich waren nicht alle Beteiligten eindeutig der Nazi- und Skin-Szene zuzuordnen), sondern der Verschleierung. Im *Morgen* steht recht unvermittelt der Bericht von einem Gespräch mit dem Ostberliner Kriminalisten und Nazi-Experten Wagner über Zusammenhänge zwischen Hooliganismus und Rechtsradikalismus ..."

9. August 1990: „Nach sieben Jahren ‚Bundesligaabwesenheit' hatte man als ersten Gegner den FC St. Pauli im Olympiastadion. Eine Stunde vor Anpfiff kamen sie auch. Ein Haufen ungepflegter, stinkender Chaoten näherte sich den Bierständen. Mit Rufen wie ‚Nazis raus' probierten die Zecken (ca. 300), einige herumstehende Hools und Skins (50) zu provozieren, was ihnen auch gelang, denn der eine oder andere Stein oder volle Bierbecher (schade!) wechselte den Besitzer. Schade, dass nur so wenige Berliner dort standen, sonst hätte es bestimmt zu einigen Aktionen kommen können. Im Stadion dann auch ein St. Pauli Block von ca. 500 Leuten, wobei mindestens die Hälfte Asseln waren. Mit Rufen wie ‚Rotfront verrecke' überstimmte man die Rufe der St. Paulis um das Zehnfache. Die Stimmung an diesem Tage war besonders in der ersten Halbzeit einmalig. Nachdem Hertha das Spiel verlor, wollte man natürlich beweisen, dass man auch gewinnen kann. So versammelten sich ca. 350 Berliner vor dem Stadion, um wenigstens die ‚3. Halbzeit' zu gewinnen. Doch wo waren die Gegner? Noch im Stadion! Sie ließen sich von der Polizei (ich dachte, die haben was gegen die Polizei!?) aus dem Stadion bringen und machten sich so schnell sie konnten aus dem Staub. Einige Asseln gingen dennoch alleine zur U-Bahn, was sie lieber nicht hätten machen sollen. Fazit: Dass diese Geschöpfe (Menschen sind das nicht) überhaupt ins Stadion gekommen sind, kann einen eigentlich nur wundern. Erst mit 6-mal so vielen den Macker machen, aber dann abhauen. So was gehört nicht zum Fußball!! Aber wir kommen ja noch nach Hamburg!"

Das *Rabauken-Echo* lässt an Offenheit nichts zu wünschen übrig. Ein Totenkopf und „Rotfront verrecke!" runden den „Spielbericht" ab. Das Impressum fehlt. Der Herausgeber des offensichtlich in kleiner Auflage im Copy-Shop produzierten Hooligan-Blattes will anonym bleiben. Andere Berichte lassen mögliche Gründe erahnen: „Auf dem Abmarsch zu unseren Autos wurde man dann noch festgenommen und bis morgens um zwei Uhr festgehalten.“ (14.10.90) „Leider kann ich über dieses Spiel nicht viel sagen, da man gleich festgenommen wurde.“ (24.11.90) Kontakte zur berüchtigten Dortmunder Borussenfront werden angedeutet, zwei Seiten – übernommen aus einem Neonazi-Schulungsbrief – vermitteln Tipps im Umgang mit Polizei und Staatsanwaltschaft. Offenbar ein ganz Harter.

Wir haben ihn ausfindig gemacht. Nun steht er vor uns. Wie Rambo sieht er nicht gerade aus. Eher wie Patrick Bach oder der neue Held der aktuellen *Bravo*-Foto-Love-Story. Ein braver Sohn aus gutbürgerlichem Elternhaus. Uli ist gerade 16 geworden. Stolz zeigt er uns die Wimpel in seinem superordentlich aufgeräumten Zimmer, vor allem die von Chelsea, seinem Lieblingsverein auf der Insel. „Ich bin sehr Englandbegeistert. Ostern fahr ich wieder hin. Da sehe ich sechs Spiele in der Zeit.“ Das Foto von Lothar Matthäus mit Bundeskanzler Helmut Kohl an der Wand. Die über 300 Fußballnadeln, die er im Laufe der letzten Jahre mühsam – bei 50 Mark Taschengeld im Monat – zusammengetragen hat. Schließlich sein Fanzine. „Da stehen wirklich nur Berichte von Spielen drin, wo ich auch dabei war.“ Als Zuschauer. Wenn „man“ verhaftet wird, steht Uli in sicherer Entfernung daneben. Mal mitmachen würde er schon gerne, doch er traut sich nicht. „Ich hab Angst vor einer Anzeige. Die Zivis fahren ja jetzt sogar schon auswärts mit. Das ist echt nicht schön. Ich möchte mit denen überhaupt nichts zu tun haben, am besten immer raushalten und so, damit die gar nicht erst auf mich aufmerksam werden.“ Uli sieht sich als Hooligan im Wartestand. „Es reicht ja erst mal, wenn man zuguckt.“ Der

Nervenkitzel stellt sich auch in den hinteren Reihen ein. Und Hooligans, die den eigenen Verein beim Heimspiel gegen Bayern im Stich lassen, weil 500 Kilometer weiter in einem anderen Stadion Randale ansteht, mag er sowieso nicht. Denn Uli ist in erster Linie Fan. „Das Fußballspiel interessiert mich immer noch am meisten."

Aber als Fanzine-Macher muss man flexibel sein. Mit Spielberichten gewinnt man nun mal keine Leser. Und mit Politik? „Mich interessiert Politik sehr. Ich bin sogar in der Schüler-Union [CDU-Schülerverband]. Aber wer zum Fußball geht, sollte die Politik da raushalten. Ich mag auch die Bomberjacken im Stadion nicht. Erst mal machen die mir zu viel mit Drogen rum. Alle denken immer, dass Alkohol zum Fußball gehört. Ich finde das überhaupt nicht. Dann sind die mir zu unsozial. Die gröhlen irgendwelche Parolen rum, ‚Deutschland den Deutschen' und so, oder machen dumme Sprüche, wenn farbige Spieler kommen. So was Blödes." Ist „Rotfront verrecke" besser? „Ach, das ist eigentlich mehr für die Leser. Man schreibt das halt so. Die Fußballszene ist nun mal ein bisschen rechts. Und deshalb muss man auch so was schreiben. Die lesen das gerne."

Natürlich gibt es rechtsradikale Hooligans. Wie sollte es auch anders sein, wenn jeder dritte Jugendliche die Todesstrafe befürwortet und der Forderung „Kanaken raus" zustimmt (Shell-Studie 1981, Heitmeyer-Studie 1987)? Wenn eine Mehrheit mündiger Bürger eine Regierung wählt, die offen mit ihrer rechtsradikalen Ausländerpolitik wirbt? Natürlich gibt es auch linke, sogar autonome Hooligans. Die haben es allerdings schwer. Auch ausländische Fans finden nur selten Zugang in die Szene, am ehesten noch bei den Ruhrgebietsvereinen. Hooligans sind in der Regel deutsche Männer.

Die Mehrheit ist so „politisch", wie Heavy-Metal-Kids, Rocker oder Rockabillys „politisch" sind. Tendenziell rechts, mehrheitlich ausländerfeindlich, aber ohne ideologischen Unterbau. Die Großoffensive der Neonazis, in den Kurven der Fußballstadien Nachwuchskader zu rekrutieren, ist gescheitert. Wenn Hooligans immer wieder in die Hamburger Hafenstraße einfielen oder sich bei Überfällen Rechtsradikaler auf linke Szenestrukturen beteiligen (übrigens genauso bei der Verteidigung autonom besetzter Häuser gegen die Polizei), so verweist das eher auf eingespielte Rituale, die Übernahme von in den Medien erzeugten Feindbildern und auf Kämpfe rivalisierender Jugendkulturen als auf ein entschieden neonazistisches Potential. So prügelten Hamburger Hooligans Unterschriften sammelnde Nazis aus ihrer Kurve, um dennoch später bei den Straßenkämpfen gegen die autonome Szene mitzumischen.

„'NE FAUST IM GESICHT HAT NOCH NIEMANDEM GESCHADET."

Eine Gesprächsrunde mit Ost- und Westberliner Hooligans

Peter, 22 Jahre, Feinmechaniker. Hertha-BSC-Fan seit 1978, seit vier Jahren Hooligan; Stefan, 22 Jahre, Student. Seit vier Jahren in der Hooligan-Szene; Torsten, 27 Jahre, Tischler. Seit 1978 Fan des BFC Dynamo; Paul, 25 Jahre, Handwerker. Hertha-Fan seit 1975, seit zehn Jahren Hooligan.

Was fasziniert euch eigentlich so am Hooligan-Sein?
Stefan: Dass es für jeden, der Mut hat, auch wenn er nicht gerade der große Kampfsportler oder der große Schläger ist, eine Möglichkeit ist, sich trotzdem irgendwie zu präsentieren.

Und dann das ganze Drumherum, mit Leuten zu Auswärtsspielen fahren und so, ist immer sehr lustig, mehr oder weniger Party-Ersatz, kann man fast dazu sagen.
Peter: In dem Sinne ist das ein primitiver Lokalpatriotismus, also dass wir zu unserem Verein stehen und zeigen wollen, wir sind besser als die Fans von Hamburg oder Schalke. So wie die sich früher um die Häuserblöcke geprügelt haben, die eine Straßenecke gegen die andere, nur halt auf die Vereine bezogen. Wir haben auch keinen Hass gegen irgendwelche anderen Leute, weil sie vom anderen Verein sind, is ja albern. Man singt halt, wir hassen die und die, und im Endeffekt sieht es so aus, dass wir nach 'ner Prügelei mit den anderen einen trinken gehen.
Paul: Also wir sind nicht interessiert, dass da gegnerische Leute schwer verletzt werden.
Stefan: Kommt schon vor, dass mal einer liegen bleibt und sich dann 30 Leute auf den draufstürzen, auf den eintreten wie bekloppt, aber das ist halt nicht der Sinn der Übung.

Mein Eindruck ist, dass sich bei solchen Geschichten vor allem die Jüngeren von euch hervortun, dass ganz junge Hools wesentlich brutaler zur Sache gehen?
Stefan: Ja, das stimmt. Leider. Das kommt zum Teil davon, dass die sich beweisen müssen, dass sie denken, durch Brutalität auffallen zu müssen, weil sie für einen ehrlichen Kampf oft zu feige sind. „Haste gesehen, wie ich den ins Gesicht getreten habe." Ist schon traurig, aber da sollte auch die Polizei ihre Taktik mal ein bisschen überdenken. Die Brutalität hat zugenommen, das stimmt schon. Man kann immer nur wieder sagen, dass es eine Kette ist, die man zurückverfolgen kann bis zu dem Punkt, an dem die Polizei mit diesem Trennen der Fans anfing. Diese ganzen Waffen, die kritisiert

werden, sind ja eigentlich nur daher ins Spiel gekommen, dass der Kontakt zwischen den Fans gar nicht mehr zustande kommt. Also greifen sie zu Steinen und anderen wirklich verletzenden Dingen. Das Problem abstellen kannst du nicht. Das heißt, du musst daraus das Beste machen. Strafen und solche Maßnahmen können nicht verhindern, dass da was stattfindet. Und dann sollte die Polizei doch lieber eine kontrollierte Schlägerei ohne Waffen zulassen, anstatt dass sie sich dann abends in 'ner dunklen Straße mit was weiß ich für Waffen auf den Schädel hauen. Dann verschwindet dieses Waffenarsenal wieder. 'Ne Faust im Gesicht hat eigentlich noch niemandem so großartig geschadet.

Kommen die ganz Jungen eigentlich noch aus der Fan-Szene?
Peter: Bei Hertha zum größten Teil ja.
Torsten: Beim BFC kommen jetzt viele Leute, die ich überhaupt nicht kenne, aus den Neubaugebieten, von außerhalb. Die haben in der Zeitung gelesen, beim BFC geht's ab, und jetzt kommen sie eben zu uns, was wir überhaupt nicht wollen. Die haben halt nichts Besseres.
Peter: Da sind ja auch die ganzen Skins; 80 Prozent wussten vor einem Jahr nicht, was ein Skin ist. Von ihren ersten 100 Mark Westgeld haben sie sich ihre Doc Martens geholt und irgendwelche Lonsdale Schwachsinnsklamotten.

Welches Verhältnis habt ihr denn generell zu Skins?
Paul: Bei Hertha sind früher 'ne ganze Menge mitgefahren.
Peter: Aber die waren nicht politisch so eingefärbt. Das war halt eine Bewegung wie die Punker, aber nicht so auf Nazi getrimmt wie jetzt die Ostler.
Torsten: Wer damals bei uns Wert auf irgendwas gelegt hat, der war halt ein Skinhead. Es war eine Modeerscheinung.

Auch ihr als Hooligans geltet bei vielen Leuten als rechtsradikal ...
Torsten: Ich seh' die Sache so: Wenn am Sonnabend der BFC spielt, da finden sich dann Jugendliche aus allen Gruppierungen ein, außer halt Linke oder Ausländische, also die wollen wir nicht, das ist ganz klar. Da sind halt Skinheads, welche von der Partei und eben wir Hooligans. Aber das ist Fußball und keine Politik. Was die in der Woche für Ziele haben, das geht mich nichts an. Die machen ihr Ding, wir machen unser Ding. Die einzige Beziehung ist der Fußball. Ich hab' auch ein nationales Denken und ich bin für eine sinnvolle Ausländerpolitik. Aber ich weiß genau, wo die Grenzen sind. Es geht nicht so weit, dass ich behaupte, Auschwitz wäre nie dagewesen. Das sind Schwachköpfe.

Trotzdem waren bei mehreren Überfällen auf Ausländer, besetzte Häuser oder Jugendtreffs auch Hooligans dabei ...?
Torsten: Das ist schon irgendwie beschämend, weil das nichts bringt, genauso wie irgendwelche Schwulen zu verprügeln, weil das die harmlosesten Menschen sind, die man sich vorstellen kann.

Könntest du dir vorstellen, auch bei den Autonomen gelandet zu sein?
Torsten: Nein. Die Autonomen sind link. Die wissen nicht, was es heißt, richtig gut zu kämpfen. Sie treten mit Waffen auf, Knüppel, Steine, Molotowcocktails, Eisenstangen, Stahlkugeln, irgendwelche Zwillen oder so, das verachte ich. Für mich ist der Boxkampf auf der Straße ein Sport. Die machen alles aus politischer Überzeugung. Irgendwie sind die ja vielleicht wie wir, weil Hooligans, finde ich, haben auch anarchistische Züge an sich. Aber wir sind halt mehr oder

weniger unpolitisch. Wir wollen auch keine Randale. Randale heißt für mich Fensterscheiben einschmeißen oder harmlose Menschen terrorisieren. Wir sind Fußballfans, und wir versuchen, die besten Deutschlands zu sein. Das ist ein Wettbewerb der Städte. Alles andere interessiert uns nicht. In der Woche sind wir die ganz normalen Leute.

Wie politisch interessiert seid ihr überhaupt? Wie würdet ihr euch selbst politisch einschätzen?

Peter: Also ich bin politisch sehr interessiert. Das hat bei mir schon so in der siebten Klasse angefangen, mit den ersten Hausbesetzern damals und den Punks. Das fand man gut, weil die angeeckt haben, weil die einfach anders waren als die übrige Bevölkerung. Da ist man auch mal zur AL [Alternative Liste] gegangen und hat sich Aufkleber geholt, ‚Gegen Strauß' zum Beispiel, aber ohne den politischen Hintergrund zu sehen. Und dann ist man halt zum Fußball gekommen, wo eigentlich schon eine rechte Szene vorhanden war. Und da hat man eben mitgebrüllt gegen Ausländer. Obwohl, das stand damals eigentlich noch gar nicht so im Vordergrund, damals waren mehr Hitler-Gesänge modern. Oder man zog mal zur Friedrichstraße, da konnte man damals schön mit den VoPos anecken. War toll. Aber es ging nur darum aufzufallen, Ärger auf sich zu ziehen. Das war im Großen und Ganzen unpolitisch. Aber eine allgemeine Ausländerfeindlichkeit gab es schon. Das hat mir auch nicht so gefallen, denn ich hatte immer auch ausländische Freunde, mit einem bin ich sogar ins Stadion gegangen. Deshalb war ich auch nicht am 3. November in Leipzig. Ich musste ja zur Demo gegen Nationalismus, Rassismus und Imperialismus. Das war mir irgendwie wichtiger.

Paul: Wenn da einer rechte Parolen brüllt, zu 80 Prozent ist das nur Provokation. Wo Hertha gegen St. Pauli gespielt hat

und die da angekommen sind mit „Nazis raus!“, da wurde halt zurückgebrüllt „Rotfront verrecke!“ Aber das nimmt von uns politisch keiner ernst. Man kennt welche, die sind bei den Republikanern oder früher bei der NPD. In Dortmund haben wir mal in ’ner Kneipe gesessen und gesoffen, und da kamen welche von der NPD rein, so richtig schön mit Schlips und Anzug, hier, ihr könnt eintreten und unterschreiben, und keiner wollte. In dem Moment sagt der eine, weil er wahrscheinlich ganz schön schlau war, jeder, der jetzt hier unterschreibt, dem geb ich ein Bier aus. Da haben sich bestimmt 25 Leute gleich angestellt und ihr Bier abgeholt.
Peter: Im Osten hab ich das Gleiche gehört von einem Kumpel, der war zufällig in einer Skinhead-Disco, und da sind irgendwelche Propagandaminister von der FAP aufgetaucht und haben das genauso gemacht.

Der DFB und die meisten Vereine behaupten, Fußball sei für euch nur eine Kulisse für Randale, ihr seid eigentlich gar keine Fans. Wie steht ihr zu eurem Verein?
Paul: Um das mal ganz krass auszudrücken: Im Endeffekt wollen wir mit denen nichts zu tun haben. Ich meine jetzt natürlich den Vorstand und diese Pappnasen. Die haben uns jahrelang mies behandelt. Dann sollen die uns jetzt auch in Ruhe lassen und nicht plötzlich ankommen, weil sie jetzt ein Problem haben. Die sollen Angebote für die jüngeren Fans machen, für die Fahrten organisieren oder so. Wir sind nicht mehr interessiert.
Peter: Ich freu mich schon, wenn Hertha gewonnen hat. Auch wenn die Spieler selber nicht gerade das fan-freundliche Verhalten drauf haben. Die distanzieren sich ja von uns. Das letzte Mal, wo die Hertha-Spieler in die Kurve gekommen sind, sich bedankt haben beim Publikum, das war noch

in der letzten Saison. Irgendwie ist der Kontakt zu den Spielern überhaupt nicht vorhanden.
Paul: Mit Spielern haben wir eigentlich, ich laufe jetzt seit '75 hin, noch nie Kontakt gehabt. Die wollten nie was mit uns zu tun haben.
Stefan: Wenn ich da manche von denen so reden höre, wie schockiert sie sind über die Ausschreitungen, den Rechtsradikalismus, nur weil da wieder einer „Republikaner" gebrüllt hat, das ist doch eine Pseudoaussage, weil sie was sagen mussten. Betroffenheit, weil die Medien was hören wollten. Das ist doch ein Witz.

Und warum wechselt ihr nicht den Verein oder euer Hobby?
Peter: Das kann man nicht so einfach. Das bleibt drin. Aber ich will mit denen so nichts mehr zu tun haben. Von mir aus können sie denen auch 500.000 Mark im Monat zahlen jetzt.
Paul: Beim ersten Abstieg damals, da war ich im Schullandheim, ich war nicht ansprechbar für zwei Tage. Ich hab geheult und alles. Bloß, das hat sich auch alles gelegt jetzt. Man interessiert sich noch so für Fußball. Man fährt jede Woche – oder zumindest alle 14 Tage – hin, und wenn im Fernsehen irgendwelche Spiele sind, guck ich mir die auch meistens an. Und wenn sie verlieren, die Enttäuschung ist immer noch die gleiche. Bloß mit dem Verein, ich weiß nicht ...

STREETFIGHTER GEGEN RECHTS

Die Gewalt kann man vielleicht nie mit Gewalt überwinden, aber vielleicht auch nicht immer ohne Gewalt.
Erich Fried

Seit Mitte der 80er Jahre gibt es eine eigenständige autonome Antifa-Arbeit. Getragen wird sie von zumeist kleinen Gruppen in mittlerweile 14 bundesdeutschen Städten. Die autonomen AntifaschistInnen produzieren Ausstellungen, Flugblätter oder Infozeitungen, präsentieren sich auf Demonstrationen und bei öffentlichen Diskussionen (jedoch nur unter Ausschluss der Neonazis). Sie übermalen Nazi-Parolen in den Straßen und sprühen eigene Losungen, informieren in Jugendzentren oder bei schulischen Projekttagen über die rechtsradikalen Strukturen. Autonome AntifaschistInnen füllen die Lücken, die der Staat lässt: Sie recherchieren die Aktivitäten und Verbindungen der Nazi-Szene, schützen Ausländer, andere Minderheiten und nicht zuletzt sich selbst vor Übergriffen, verhindern öffentliche Auftritte, die der Staat, wäre er ein antifaschistischer, selbst unterbinden müsste. Ihr Kampf gilt jedoch nicht nur den organisierten Neonazis, sondern entsprechend ihrem Weltbild dem kapitalistischen System generell, „ob es in Form eines faschistischen Staates oder einer bürgerlichen Demokratie auftritt“. Die übliche Formel: „Gegen Rassismus, Faschismus und Sexismus.“ So werden auch Aktionen gegen Porno-Läden oder Kampagnen für das Ausländerwahlrecht unterstützt, und nicht wenige der Antifa-AktivistInnen mobilisierten ihre MitschülerInnen zu den Demonstrationen gegen den Ölkrieg im Frühjahr 1991.

Die nervenaufreibenden Diskussionen bürgerlicher Antifa-Initiativen oder -Bündnisse über Verbotsappelle an den Staat oder militante Aktionen gegen Neonazis mussten bei den autonomen AntifaschistInnen konkreten Aktivitäten weichen. „Wir sind zwar militant, aber keine gewalttätige Gruppe“, umschreibt Janosch, Mitbegründer der Antifa-Jugendfront, das schwierige Thema. Das bedeutet konkret: Öffentliche Auftritte von Rechtsradikalen (Kundgebungen, Demonstrationen, Info-Stände) werden nach Möglichkeit verhindert, führende Neonazis werden so oft und gerne verprügelt, wie man ihrer habhaft wird, Mitläufer und rechte Frischlinge je nach Situation. „Während einer konkreten Auseinandersetzung kannst du natürlich keine Unterschiede machen. Aber wir gehen zum Beispiel auch zu deren Treffpunkten, an Bahnhöfe oder so, greifen uns Einzelne, machen denen ihre Aufnäher ab und lassen sie wieder gehen. Damit führen wir vor, dass es auch Stärke sein kann, jemanden nicht zusammenzutreten.“ Ziel: Den Mitläufern aus den umherschweifenden Gangs oder der Hooligan- und Skinhead-Szene die Recken von der Partei „vorzuführen“. Den Mythos der Unbesiegbarkeit zerstören. „Was die so beeindruckt, ist ja oft die angebliche Stärke der Nazis. Aber es ist nicht schwer, mit fünfzig Leuten eine Schwulenbar zu überfallen. Wir zeigen, dass das keine Stärke ist, sondern Feigheit, und führen deren Idole negativ vor, indem wir am hellichten Tag direkt vor deren Zentrale die Straße bepinseln, Flugblätter verteilen oder die auch direkt militant angreifen und kaum Reaktion kommt. So verlieren Hooligans schnell ihren Respekt vor den Nazis."

IRGENDWAS MACHEN

Die Maueröffnung brachte der Antifa-Jugendfront enormen Zulauf insbesondere von Jüngeren. Für viele ist die Antifa Gruppe der Einstieg in die Politik. Oft entstehen neue Antifa-Initiativen als Reaktion auf rechtsradikale oder ausländerfeindliche Übergriffe an den Schulen. Vor allem, wenn sie offiziell von den LehrerInnen, der Schulleitung oder der Polizei verdrängt und bagatellisiert werden. Gerade die ganz Jungen wollen sich in Zeiten rasanter Veränderungen und Verunsicherungen engagieren, irgendetwas machen. Dabei liefern die „Faschos" einen leicht einzuordnenden Gegner. Die 14-jährige Lisa ist seit acht Wochen bei der Antifa-Jugendfront: „Ich hatte mir schon im letzten Jahr überlegt, irgendwas Politisches zu machen. Freundinnen von mir waren in der Antifa-Gruppe und haben mir davon erzählt. Die Leute schienen ganz korrekt zu sein. Die Antifa ist auch ziemlich bekannt hier. Ich dachte, da ist eine große Gemeinschaft, wo man was erreichen kann und mit seiner Meinung nicht alleine dasteht. Also hab ich mich beworben."

Die Aufnahmeprozedur der Antifa-Jugendfront erinnert an alte K-Gruppen-Rituale. Janosch: „Die Leute, die sich dafür interessieren, kriegen unser ‚Politisches Selbstverständnis', dem sie erst mal grundsätzlich zustimmen müssen. Dann trifft man sich und unterhält sich über die gegenseitigen Vorstellungen, dann wird auf dem Frente-Rat, wo alle

Leute zusammenkommen und die grundlegenden Sachen beschließen, berichtet, welchen Eindruck man von ihr oder ihm gewonnen hat, und dann wird über die Aufnahme entschieden." Der Grund für die komplizierte Regelung: „Wir müssen uns ja vorsehen, dass wir keine Spitzel in die Gruppe kriegen."

Abgesehen von dem Konspirationstick fast aller Autonomen ist die Struktur der Antifa-Jugendfront ausgesprochen basisdemokratisch: Wer einmal aufgenommen wurde, kann sofort an allen Entscheidungen teilhaben. Die Beiträge und Ideen der oft erst 14-, 15-jährigen Neulinge werden ernst genommen. Mehrheitsentscheidungen per Abstimmung sind als autoritär verpönt. Lieber diskutiert man etwas länger oder einigt sich auf einen Kompromiss. Denn nur wer wirklich voll hinter einer Sache steht, engagiert sich auch entsprechend. Die Antifa-Jugendfront ist im Gegensatz zu den Midlife-crises-geschüttelten Parteijugendverbänden eine echte Jugendgruppe. Janosch, seit 1986 dabei und einer der Ältesten in der Runde, wird demnächst 22.

Die Antifa-„Karriere" des Kreuzbergers, der die Hauptschule ohne Abschluss verließ und sich seitdem mit Jobs über Wasser hält, ist nicht ungewöhnlich. Bevor er zur Antifa kam, war Janosch „ein Rechter. Also kein Nazi wie mein Bruder, der in der Wiking-Jugend gewesen ist, aber schon ziemlich dumm." Sprücheklopfen auf dem Schulhof, Provokation mit Nazi-Symbolen, Türken-Witze. „Im Grunde unpolitisch. Aber wenn da eine Gruppe gewesen wäre, die das aufgegriffen und politisiert hätte, wäre bestimmt mehr draus geworden." Statt der Nazis traf Janosch jedoch auf Mehmet. Zwischen den beiden entwickelte sich eine Freundschaft, und Janosch kam ins Grübeln. „Da hab ich erstmals gemerkt, wie beschissen das für die Leute ist. Ich hab mich dann total geschämt wegen der Sprüche, die ich vorher abgelassen hatte."

Er begann, über die Nazi-Zeit zu lesen, aber auch über das Leben von Minderheiten heute, und schloss sich am Ende „wohl auch als ‚Wiedergutmachung'" einer Asylgruppe an, die Flüchtlinge betreute.

ZAHN UM ZAHN

Für bürgerliche KritikerInnen sind autonome AntifaschistInnen und Neonazis siamesische Zwillinge, die auf der Gewaltspirale gemeinsam Karussell fahren. Vergessen werden bei dieser Diskussion in der Regel die Opfer der Nazis, die sich nicht selbst wehren können, denen der Staat seinen Schutz aber verweigert. Auch wenn der militante „Auge um Auge, Zahn um Zahn"-Antifaschismus kein politisches Konzept darstellt: Er ist augenscheinlich effektiv. Olli (18), Skinhead in Berlin-Lichtenberg und seit 1990 Aktivist der Nationalen Alternative: „Im Sommer hab ich auch noch Rumänen und Linke zusammengetreten. Aber das bringt's nicht." Ollis Einsicht kam nicht freiwillig: „Ich muss ehrlich zugeben, dass wir im Moment keine Chance gegen die Autonomen und türkischen Banden haben. Wenn die sich zusammenschließen, machen die uns alle." Nachdem Olli und seine Mitkämpfer sich bei Konfrontationen mit Gangs und Antifas blutige Köpfe und unübersehbare Zahnlücken eingehandelt hatten, änderten sie ihre Strategie. Nun versucht man, die Linken und Einwanderergangs per Dialog ruhig zu stellen.

Für die autonome Bewegung ist die völlige Gewaltlosigkeit ein Verzicht auf gesellschaftliche Veränderungen. Sie wäre eine Kapitulation vor Wirtschaftsbossen und ihren zynischen Hintermännern in Politik und Banken, die sich mitten in einem von ihnen ermöglichten Krieg mit sorgenvoller

Miene darüber aufregen, dass Jugendliche Straßenkreuzungen besetzen und Schaufenster einschmeißen. Geronimo, autonomer Autor aus Westberlin: „Der bürgerliche Staat sorgt seit etwa 200 Jahren mit Gewalt für ‚Gewaltlosigkeit' und hat damit nicht mehr geschaffen als ein Meer von Gewalt. Er ist damit also am allerwenigsten legitimiert, denjenigen einen Gewaltverzicht abzufordern, die sich von diesen Zwangsverhältnissen befreien wollen."

Doch auch bei linksradikalen KritikerInnen haben autonome AntifaschistInnen nicht den besten Ruf. Zu oft prügeln Antifas wahllos auf die Falschen ein, befriedigen Hasskappenmachos unter dem Deckmantel politischer Zielsetzungen ihre Lust auf Randale, erstarren militante Widerstandsformen zu stumpfen Ritualen. AktivistInnen des Kreuzberger PrügelPlenums im Interview mit der *Revolutionären Zeitung*: „Wir versuchen natürlich auch, Überzeugungsarbeit zu leisten, aber dabei ist uns eine Eisenstange lieber als ein Holzknüppel. Ich renne ungern gegen Wände, da ich sie mit Reden nicht dazu bringe, von selbst einzustürzen. Da nehme ich lieber 'nen Vorschlaghammer. Ich könnte mir vorstellen, dass mit Teilen einer zerschlagenen Skinheadrotte durchaus Diskussionen zu führen sind. Aber erst, nachdem die Gruppenmechanismen und -mythen gebrochen wurden. ... Du musst es ihm beweisen, dass es ungeil ist (zu prügeln), indem du ihm die Zähne aus der Fresse drischst."

Wenig differenziert ging auch die Antifa-Jugendfront in der Vergangenheit gegen ihre Gegner vor. „Fascho" war praktisch jeder jenseits der Christenparteien, vom Republikaner angefangen bis zu randalierenden Hooligans, die pauschal in die faschistische Ecke gedrängt wurden. Noch heute neigen so manche Antifas dazu, jugendliche Neonazis zu KZ-Schergen zu mystifizieren, Hakenkreuzschmierereien,

„Sieg-Heil!"-Rufe und anderes „pronazistisches Protestverhalten" (Richard Stöß) als Ausdruck eines verfestigten politischen Bewusstseins überzubewerten. Die Arbeit engagierter PädagogInnen und StreetworkerInnen mit jungen Rechten wird kritisch beargwöhnt. „Der Ansatz, Täter und Opfer an einen Tisch zu setzen und darüber zu diskutieren, wie man gemeinsam miteinander leben kann, das zeugt von einer grenzenlosen Verachtung für die Opfer und totaler Verkennung der tatsächlichen Gewaltstrukturen."

Doch ausgerechnet die Offensive der Ostberliner Nationalen Alternative im Frühjahr 1990, bei der das Konzept einer reinen Kaderpartei zugunsten der Massenaufnahme von Jugendlichen aufgelockert wurde, setzte auch unter den Antifas Diskussionen frei. Denn plötzlich waren allein in Ostberlin 800 Jugendliche bei den Rechtsradikalen organisiert. Kaum zu glauben, dass das alles Nazis waren. Und wirklich: Bereits im Februar 1991 müssen die Neonazi-Kader eine traurige Bilanz ziehen. 90 Prozent ihrer Newcomer waren wieder ausgetreten. Die Nationale Alternative steht kurz vor der Auflösung. Die neonazistischen Shootingstars des letzten Jahres vereinigen noch mit Mühe knapp 30 Restmitglieder. Viele alte Mitläufer und zeitweilige Aktivisten delirieren im Suff auf der B-Ebene des Lichtenberger Bahnhofes. Endstation. Es ist nicht schwierig, die Gründe für den Niedergang auszumachen. Nach dem Zusammenbruch des alten Systems war es an Ostberliner Schulen einfach schick, Mitglied einer „Fascho-Gang" zu werden. In einigen dieser Schulen rekrutierten die Nachwuchsscouts der Nationalen Alternative gleich klassenweise neue Mitglieder. Die besetzten Häuser in der Weitlingstraße und das damit verbundene Image schlagkräftiger Streetfighter lockte viele Jugendliche an; ein nicht geringer Teil wurde auch dank kostenloser Klubcola-plus in

Kneipen und Discotheken geworben. Doch die Kids mussten bald feststellen, dass die anfängliche Selbstdarstellung der Nazis als coole Freizeittruppe mit Power und Zusammenhalt in die Irre führte. Statt lockerem Beisammensein und Action wurden Kasernenhoftöne, hierarchische Strukturen und Politschulung geboten. Gerade Letzteres kam bei den „Staatsbürgerkunde“ geschädigten Ostkids überhaupt nicht an. Viele stiegen wieder aus, reduzierten ihr „politisches“ Engagement auf das Tragen rechter Aufnäher und die Beteiligung an Prügelaktionen. Manche wechselten sogar die Seite. Sie fanden sich bei der Antifa-Jugendfront oder in der autonomen Szene wieder. Kontakte zwischen einzelnen Hausbesetzern der Mainzer Straße und jungen Rechten aus der „Kinderabteilung“ der Weitlingstraße gab es selbst in der heißen Phase der Auseinandersetzungen. Man kannte sich aus der Schule, von den wenigen Treffpunkten, die niemand dem anderen überlassen wollte. So wurde das Gespräch aufrecht erhalten.

Im Westteil der Stadt, überhaupt in den Metropolen der „alten Bundesländer“, stellt sich die Situation anders dar. Die Szenerien fallen dort seit je her auseinander. Das Freizeit- und Kulturangebot ist vielfältig genug, um sich aus dem Weg gehen zu können, wenn man will. Daraus erwuchsen unterschiedliche Antifa-Positionen in Ost und West. Während die westdeutsche Antifa-Jugend Dialoge mit Neonazis lange Zeit strikt ablehnte und so die Polarisierung der Jugendszenen vorantrieb, legten junge AntifaschistInnen in Potsdam, Halle oder Dresden großen Wert auf Gespräche mit ihren gleichaltrigen Gegnern. Früher als die Westler hatten sie gemerkt, dass nur die wenigsten „Faschos“ wirklich ideologisch gefestigt waren. Sie kannten schließlich die Biographien der Einzelnen und versuchten immer wieder, „Überläufer“ zu produzieren. Auch Janosch ist die Gefahr einer Stigmatisierung als „Nazi" vertraut: „Ich war schon Rassist damals, aber mit Hitler und der NS-Zeit hatte ich eigentlich nichts am Hut. Das war für mich gar nichts Greifbares. Aber wenn du dann als ‚Nazi' angemacht wirst, dann überlegst du dir: Ach so, da gehöre ich also rein."

RASSISMUS AM NACHBARTISCH

Ganz anders sieht das Nigül. Die 21-jährige Kreuzbergerin macht auch Antifa-Arbeit, allerdings unorganisiert und auf ihre eigene, sehr spezielle Art: „Wer blöd ist, kriegt eins auf die Fresse." Neulich beispielsweise, im Plattenladen: „Da war so ein Schwachmat – höchstens 15, grüne Bomberjacke, kurze Haare, rote Docs, stonewashed Jeans, also echt null Stil. Und auf der Jacke einen Aufnäher: ‚Gelobt sei unser Vaterland' in alter deutscher Schrift mit Eisernem Kreuz. Mein Blutdruck ist gestiegen. Aber im Plattenladen konnte ich den Typen natürlich nicht zusammenschlagen. Ich hatte dummerweise auch kein Gas bei, sonst hätte ich ihm wahrscheinlich eine Ladung ins Gesicht gesprüht mit einem entsprechenden Spruch und wäre raus. Ansonsten, in der U-Bahn, wenn es nur einer ist, kommt auf jeden Fall ein Spruch oder ich guck ihn halt an. Er merkt dann schon, was los ist. Entweder springt er drauf an oder nicht. Macht er es nicht, dann kommt's auf meine Stimmungslage an, ob ich nachbohre. Ganz aufhören tut's echt da, wo wirklich was Dummes kommt. Dann kommt was Gewalttätiges von mir zurück."

Nigül ist für einen klaren Kurs. Obwohl sie durchaus weiß, dass von den Hunderten, die zurzeit mit ‚Deutschland den Deutschen' und anderen Aufnähern durch die Straßen laufen, nur die wenigsten wissen, was sie da tragen. „In dem

Augenblick, wo sie eine auf die Mütze kriegen, wissen die dann, was sie tragen. Darum geht's mir auch. Die Leute in ihre Schranken zu weisen. Denen zu zeigen, wer bist du. Sicherlich weiß ich, dass einige von denen sich selbst nicht als Faschisten bezeichnen würden. ‚Was? Ich bin doch kein Nazi!' Das hab ich schon öfters gehört. Aber dann muss man sie eben darauf hinweisen. Auch mit brutalen Mitteln. Entweder denken sie dann nach oder sie sagen, okay, jetzt bin ich eben Faschist. Ist mir dann egal. Das faschistoide Gedankengut ist da."

Nigül hat „keine Lust mehr auf irgendwelche Sozialarbeiterstrategien nach dem Motto: Lass uns mal reden, vielleicht verstehst du mich ja! Nein danke, nicht mehr." Wie viele Autonome hat Nigül im Grunde genommen die Hoffnung auf gesamtgesellschaftliche Veränderungen aufgegeben. „Du siehst immer wieder, dass die Gewalt, die dir gegenübersteht, die zwischen dir und deinem Lebensziel steht, ziemlich stark ist, fast zu stark. Dann resignierst du irgendwann. Inzwischen sehe ich nur noch einen einzigen Weg: auf der Straße präsent sein und Stress machen. Zeigen, hallo, wir sind noch da. Es gibt noch Leute, die dulden nicht, was hier läuft. Die sind dagegen." Nigüls trotzige Militanz wendet sich aber auch gegen den Rückzug in szene-eigene Nischen. „Es ist ziemlich hart, wenn du radikal denkst, damit zu leben. Du stößt überall auf Widerstände. Du verlierst Freunde, du kommst an Leute, die du vielleicht magst, gar nicht erst ran. Du hast einfach einen sehr unbequemen Lebensweg, weil du überall aneckst. Und das umgehen viele Leute ganz geschickt, indem sie sich an irgendwelchen Dogmen festhalten, immer nur irgendwelche Marxe, Engels', Lenins zitieren. Meist ist es nur Legitimation, um nichts zu tun, um nicht nachdenken zu müssen. Stattdessen wird dann eben gegen die Leute vorgegangen, die anders sind, die radikalen Randgruppenmitglieder, gegen Leute, die so viel Scheiße erlebt haben, dass sie Gewalt als einziges Mittel sehen, nicht niedergemacht zu werden. Die ‚Unpolitischen'."

Nigül mag das Leben in Deutschland nicht besonders, sie träumt davon, eines Tages auszuwandern. Vielleicht nach Palästina, in eines der arabischen Länder. „Wo du noch was machen kannst politisch. Wo du noch nützlich sein kannst. Aber hier? Ich verabscheue dieses Land. Die ganze Mentalität der Leute hier. Da krieg ich regelmäßig Hassgefühle." Nigüls politischer Wirkungskreis endet an den Grenzen Kreuzbergs. Das „Blödvolk" draußen ist ihr „ziemlich scheißegal. In meinem persönlichen Umkreis, da will ich was erreichen. Mit meinen Freunden und Freundinnen will ich das, was ich als Utopie im Kopf habe, also den Kommunismus oder so, schon heute aufbauen. Also so leben und miteinander umgehen, wie ich mir wünsche, dass irgendwann mal alle Menschen leben."

Für Nigül gehört Antifaschismus zum alltäglichen Leben. Nicht wegsehen, wenn Frauen oder Ausländer in der U-Bahn belästigt werden. Nicht weghören, wenn rassistische Sprüche fallen. Sich „korrekt" verhalten. Der Sexismus in der eigenen Szene ist für Nigül genauso „faschistoid" wie die Prügeleien der Hooligans. Das Attribut verwendet sie – wie es in der autonomen Szene üblich ist – inflationär, völlig losgelöst von seinen geschichtlichen Dimensionen und Bezügen. Ihr Maßstab ist das persönliche Verhalten jedes einzelnen Menschen. Und da bleibt sie konsequent. „Ich habe keine Probleme damit, auch Leute in der so genannten Linken so zu bezeichnen." Ihre Ansprüche an Menschen, mit denen sie sich umgeben will, sind hoch. Von plakativem Antifaschismus und Pflichtveranstaltungen hält sie nichts. „Ein Großteil der Szene ist so selbstgefällig und selbstgenügend, so widerlich kleinbürgerlich-spießig, dass mir echt regelmäßig schlecht wird. Was sich an blödem Gedankengut in besetzten Häusern herumtreibt ... Da gibt es ein Haus, in dem die seit Jahren einen Typen dulden, der ist körperlich behindert, aber das ist ja kein Grund, so scheiße zu sein, der streitet sich mit einem Araber, und irgendwann kommt der Spruch: ‚Wenn es nach mir ginge, würde ich alle Araber an die Wand stellen und abknallen.' Das erste Ding. Dann hat er irgendwann eine Frau als ‚Votze' beschimpft. Das alles wird geduldet, weil der Typ ansonsten gute Argumente und viel angeeignetes Wissen hat. Da diskutieren sie jeden Abend über Rassismus, aber wenn der Rassist dann wirklich nebenan am Tisch sitzt, dann sind sie handlungsunfähig."

„WENN'S AN MEINE EIGENEN SACHEN GEHT, WERD' ICH KOMISCH."

Ein Gespräch in Leipzig

Sternchen (19) wohnt in einem der ehemals besetzten Häuser der Stöckartstraße in Leipzig. Die „Besetzermeile" ist unter dem Begriff Connewitzer Alternative inzwischen bundesweit bekannt. Das Haus, das Sternchen bewohnt, befindet sich in katastrophalem Zustand. Zerschlagene Fensterscheiben, vermoderte Treppen, herausgerissene Geländer, einstürzende Dachstühle. Auf dem Innenhof Bauschutt, Müll. Es gibt weder Strom, fließendes Wasser, noch sanitäre Anlagen. Sternchen sieht sich selbst als Autonomen und ist damit eines der „schwarzen" Schafe unter den sanften Lämmern der Connewitzer Alternative.

Welche Differenzen gibt es zwischen der Alternative und der autonomen Szene?

Die Szene ist der Alternative zu hart. Hier sind viele „Peacer" dabei, Grüne und so. Die wollen keine Gewalt. Es gab harte Diskussionen, wie wir die Stöckartstraße verteidigen, wenn hier ein Angriff ist. Die Leute haben uns vorgeschlagen, wir sollen die Faschos mit Wasser begießen und mit Mehltütchen bewerfen. Wir haben das dann ein bisschen ausgebaut auf Mollis und Flaschen.

Bist du aus Leipzig?
Ja. Aus einem kleinen Dorf zwei Kilometer vor der Stadtgrenze. Dort ist es mir zu blöd geworden, da hängt Mölkau mit dran, ein totales Fascho-Nest. Das ist ein Dorf mit 600, 700 Einwohnern, aber jeder Zweite ist total rechts eingestellt.

Wie äußert sich das?
Ich hatte bis vor kurzem noch einen Iro. Wenn ich in eine Disco reinkam, hieß es, ooh, ein Linker und so. Ich konnte darauf warten, dass die mir die Mappe zuschießen. In Mölkau gab es eine SA- und eine SS-Siedlung, scheinbar hat sich die rechte Einstellung daraus entwickelt.

Was bist du von Beruf?
Ich habe Stahlbauschlosser gelernt. Sieht aber in der Stahlindustrie trübe aus. Es nervt im Moment, dass kaum jemand Arbeit hat. Hier in der „Stöckart" sind es über 50 Prozent, die keine Arbeit haben. Es geht eigentlich nur noch darum, hast 'n Job, und nix wie hin, damit keiner vor dir da ist. Einige gute Jobs hatte ich in der letzten Zeit schon. Für 15 Mark die Stunde. Da hatte ich in der Woche dasselbe, was meine Mutter im halben Monat verdient.

Ist das überall in der Stadt so?
Es ist schlimm hier in Leipzig. Ich war neulich nachts auf

dem Bahnhof. Da pennen die Leute jetzt schon in der Nähe von Heizungen. Meistens mit einem Hund wegen der Nazis. Die kamen da hin und haben die zusammengetreten, weil sie meinten, das sei asi und undeutsch. Leipzig ist wirklich schlimm mit Arbeitslosigkeit.

Welche Leute sind das, die am Bahnhof die Obdachlosen zusammentreten?

Das ist die Bahnhofsclique, etwa 20, 25 Mann. Das sind Kinder, die von irgendjemandem erfahren haben, es sei schön, Deutscher zu sein. Und dass ein Deutscher so und so sein muss und alles andere nicht gut ist. Das sind keine Skinheads und Hooligans, sondern irgendwelche Kinder und Spinner, die rumrennen und Parolen rumblöken. Vor uns haben sie Schiss. Aber wenn Leute von außerhalb kommen, passiert es sehr schnell, dass sie die zusammentreten. Wir haben denen schon angedroht, wenn noch einmal etwas passiert, wird der Bahnhof platt gemacht. Das haben wir ihnen klipp und klar gesagt.

Gangs und Cliquen gibt es eigentlich überall in der Stadt. Zum Beispiel die „Reudnizer Rechte“. Die haben mehr Power dahinter und offensichtlich eine Führung. Da kann es passieren, dass du vorbeiläufst und dich ein 16-Jähriger total breit macht, oder auch drei oder vier. Die trauen sich sogar nachts nach Connewitz.

Zurzeit ist es ruhig in der Stadt?

In den letzten 14 Tagen ist es wirklich ruhig. Ich weiß nicht, ob daran dieser Bundesgrenzschutz schuld ist. Die benehmen sich wirklich wie die Besatzer. Die fahren hier rum mit riesigen Bussen und verheizen sinnlos Sprit und machen ihre Streifen zu viert, fünft und sechst. Verkehrsregeln scheinen die nicht zu kennen. Die ersten waren Bayern. Nachdem die abgerückt waren, haben sie offensichtlich alles, was sie aus der Mainzer Straße in Berlin abziehen konnten, nach Leipzig geschickt.

Habt ihr nicht eine Sicherheitspartnerschaft mit der Polizei?
Ja. Die hatten die in der Mainzer aber auch. Dann wurden sie von den Bullen trotzdem platt gemacht. Ich persönlich würde mich da nicht drauf verlassen. Die Ostbullen sind wenigstens noch ein bisschen human, die sind noch nicht so verbissen. Es gibt hier viele, die vor den Westbullen totalen Schiss haben. Wenn die im Dienst sind, sind das absolut keine Menschen.

Wie sicher sind die Straßen in Leipzig? Kannst du dich in der Stadt noch frei bewegen?
Tagsüber geht's eigentlich. Man muss aber aufpassen. Es kommt schon mal vor, dass 50 Faschos durch die Innenstadt laufen.

Zieht ihr auch durch die Stadt, um Nazis aufzuspüren?
Klar. Über „Keine Gewalt" und so sind wir längst hinaus. Das war von den Ansätzen her vielleicht gar nicht so schlecht, aber nachdem die uns mit Mollis beschmissen haben und Leute von uns weggefangen haben, ist das anders. Ja, wenn hier alles zu ist, montags oder dienstags, dann überkommt es einen schon mal, dass man absolut keinen Bock mehr hat, in der Bude zu hocken. Und dann zieht man eben zu zweit oder zu dritt los.

Wie läuft das ab?
Meistens ziehen wir mit dem Fahrrad los. Wir suchen uns irgendwelche, und wenn wir sie gefunden haben, machen wir sie platt. Natürlich vergreifen wir uns nicht an 14-jährigen Kindern.

Woran erkennt ihr die? In Berlin ist es schon passiert, dass Autonome Redskins zusammengeschlagen haben. Bis die etwas sagen konnten, lagen sie schon am Boden.
Die Faschos erkennt man schon. An ihrer blöden Bomberjacke oder ihren weißen Kapuzenteilen und diesen dämlichen Aufnähern.

Hast du nicht Angst, dass sich das hochschaukelt und zuspitzt?
Da habe ich mir noch keine großartigen Gedanken drüber gemacht. Es ist überall eigentlich nur so ein Hin und Her. Die haben unser Café kaputtgemacht, also machen wir denen ihres platt.

Wie weit geht ihr, wenn ihr einen „Nazi aufmacht"?
Dass wir ihn totschlagen eigentlich weniger. Es gab Fälle, wo es haarscharf war. Aber die brauchten eine Lektion. Es gab hier schon Fälle, wo Nazis Mädels aus der Szene vergewaltigt haben. Einer haben die mit der Rasierklinge die Oberschenkel aufgeschnitten und unten eine Eisenstange reingeschoben. Sie war im vierten Monat schwanger, das war es dann für das Kind. Wir haben den gekriegt, aber leider lebt er wieder. Der Typ, der das durchgezogen hat, ist stadtbekannt.

Hat die Bewaffnung zugenommen?
CS-Gas schießt von uns kaum noch jemand. Die schießen CN-Gas, aber das gibt es nicht frei. Ich war letztens im Waffenladen. Der Otto-Normal-Verbraucher rüstet sich bis auf die Zähne auf. Die Knarren können für die gar nicht groß genug sein. Ein paar Faschos haben sich jetzt mit Elektrostöcken bewaffnet. Wir haben Knüppel, mit so einem Elektrostock hätte ich Schwierigkeiten.

Du bist von der ganzen Action, die in der Stadt abläuft, offensichtlich begeistert?
Schon. Das ist ganz locker.

Wie ist dein Verhältnis zu den Berliner Autonomen?
Ich find die Berliner Szene ein wenig blöd. Weil die Leute total unnahbar sind. Irgendwie muss sich das mit der Hauptstadt total eingeprägt haben. Ich hab versucht, mit vielen Leuten zu reden, wegen der Mainzer Straße, aber da war kein Rankommen. Wenn mehr Leute von hier bei der Räumung dabei gewesen wären, wäre die Sache anders gelaufen. Dann hätten die Bullen nicht drei Stunden, sondern sechs oder sieben Stunden gebraucht. Die hatten ja den Riesenmolli auf dem Dach stehen. Der wär bei uns wirklich runtergefallen. Dass die Bullen da alles platt machen und plündern ... Irgendwie, wenn es an meine persönlichen Sachen geht, werd' ich ein wenig komisch.

MÄDCHENGANGS UND MÄNNERRITUALE

„Mädchenbande raubte, stahl und schlug", titelte der Berliner *Tagesspiegel* am 2. August 1989. „Eine aus acht Schülerinnen im Alter von 14 bis 16 Jahren bestehende ‚Mädchenbande', die sich Master Girl Crew nannte, ist in Reinickendorf aufgeflogen. Den Mädchen werden Raub, Diebstahl und Körperverletzung zur Last gelegt. Auf S-Bahnhöfen und in Zügen wurden zumeist gleichaltrige Jugendliche beleidigt und zur Gegenwehr provoziert. Dies wurde dann zum Anlass genommen, auf die Opfer einzuschlagen und sie zu berauben."

„Ich will nicht angeben, aber mich hat noch niemand angemacht", erzählt Alexandra (16), eine von 18 Mädchen der Master Girl Crew. Unfreiwillig hat sie gerade einen Erste-Hilfe-Kursus absolviert – eine Auflage des Jugendgerichtes. Nicht weiter schlimm, denn die Zeit mit der Mädchengang war es ihr wert: „Wir trafen uns jeden Tag an einem Imbiss, sind losgefahren, haben Mädchen verprügelt und Geld abgezogen. Das war cool." Zumindest sechs Monate lang. Dann fand die Geschichte der Gang ein jähes Ende. Im Sommer 1989 schlug die Polizei zu, verhaftete acht der Mädchen, Jugendstrafen folgten. Anders als bei den meisten Jungengangs genügte die kleine Machtdemonstration staatlicher Gewalt. Die Master Girl Crew löste sich auf und verschwand von der Bildfläche. Alexandra trauert dem Ende allerdings nicht nach. „Wenn es für was wäre, was sich lohnen würde, dann wär's okay. Aber wegen 50 Mark Schwierigkeiten mit der Polizei zu kriegen lohnt sich nicht."

Kontakt zu Streetgangs hat die aus Rumänien stammende Tochter eher gutsituierter Eltern („Deshalb waren sie so schockiert. Weil ich das eigentlich nicht nötig hätte, auf der Straße Geld zu klauen.") heute nur noch über ihren Freund. Der ist Mitglied der Fighters. Die Zeiten, in denen Alexandra mit ihren Freundinnen die Betonschluchten ihres Viertels auf Eroberungstour selbst durchzog, sind vorbei. Heute spielen sie und ihre Ex-Gang wieder die Rolle des Begleitpersonals. „Wir treffen uns mit den Jungs beim Imbiss, gehen in die ‚Blechkiste' [ein Jugendzentrum] oder stehen vor 'ner Disco am Kudamm rum." Wenn die Fighters auf Kriegspfad gehen, bleiben die Mädchen zu Hause. „Die nehmen uns ja nicht mit. Aber was soll ich auch dabei. Ich prügle mich doch nicht gegen Jungen. Die rennen jetzt alle mit Waffen durch die Gegend. Da hab ich Angst. Wir haben uns damals nur geschlagen."

Dabei fand Alexandra die Prügeleien der Master Girl Crew gar nicht schlecht. „Man hat gezeigt, was man drauf hat. Das war voll in. Auch in der Schule fanden sie das alle cool, dass ich in 'ner Gang war." Heute legt Alexandra keinen Wert mehr auf kriegerische Auseinandersetzungen. Ihr nächstes Ziel ist eine Lehrstelle als Tierpflegerin im Berliner Zoo. Auch an den Kämpfen der Fighters zeigt sie wenig Interesse. Das kommt den Wünschen der Jungs entgegen. Die sind ohnehin der Auffassung, dass „ihre" Mädchen zu anderen Dingen geboren sind. „Wenn wir Ärger haben, dann bleiben sie zu Hause. Die sollen nicht kämpfen. Die sind da, wenn wir sie brauchen, zum Liebhaben und andere Dinge machen. Wir wollen nicht, dass sie mit einem blauen Auge ankommen", meint Fighter Mesut. Schon die Tatsache, dass wir uns mit Alexandra unterhalten, erfüllt das Jugendzentrum mit Unruhe. Alle paar Minuten geht die Tür auf, muss einer unbedingt vor dem Spiegel seine Lockenpracht kämmen, ziehen andere komische Nummern vor dem Fenster ab, demonstrieren forsch und grinsend ihre Schreckschusspistolen und Macheten. Die Botschaft ist eindeutig: „Ihr müsst mit uns reden. Wir sind die Fighter."

RUDE GIRLS

„Von der Schule her hatte ich nie Freunde, ich kam mit den Leuten einfach nicht klar. Die meisten waren so Schickimicki-Leute. Irgendwie hab ich da nicht reingepasst." Am eigenen sozialen Background kann es nicht gelegen haben: Auch die Eltern von Claudia (19) sind „ziemlich reich". Doch sie selbst träumt lieber von rüderen Typen, wollte immer „ein Arbeitermädchen sein. Vom Gymnasium abgehen und eine Lehre machen." Dann kam er – Thomas. Auf der Eisbahn hatte man sich kennen gelernt. Es hielt nur eine Woche, an die sich ein Jahr Trauer anschloss. Was blieb, war die Clique von Thomas. Haupt- und Realschüler, keine Gymnasiasten, Lieblingsbeschäftigung: Saufen und „Rumprollen". „Ich hab innerhalb von vier Monaten bestimmt 50 Leute kennen gelernt. Wahnsinn. Man wurde angerufen, hat sich am Wochenende getroffen. Das kannte ich vorher alles nicht. Das war das erste Mal, dass ich so richtig Freunde hatte." Alles andere wurde plötzlich unwichtig. Um die Schule machte Claudia jetzt einen großen Bogen. Stattdessen zog sie lieber mit ihrem Clan über die Promillegrenze und pöbelte in Einkaufsstraßen „Blödvolk“ an. Gelegentlich wechselte auch mal eine Jacke den Besitzer. „Ich hab echt Glück gehabt, dass ich nie mit der Polizei in Schwierigkeiten geraten bin.“ Weniger glücklich fiel das nächste Zeugnis aus: fünf Fünfen und eine Sechs. Abgang.

Claudias Freunde waren Skinheads. Also kaufte sie sich bald ihre ersten „Docs“, eine Bomberjacke, färbte sich die Haare blond, oben millimeterkurz, lange Koteletten. „Die zierliche Mädchenrolle lag mir nie. Ich war schon immer so eine Art Jungenmädchen.“ Früher fand sie sich „ziemlich hässlich“, nun wird sie plötzlich hofiert. Claudia fühlt sich zum ersten Mal stark. Auch nach außen hin. „Wenn wir so mit zwanzig Mann, alle kahl geschoren, mit der S-Bahn fahren, rumgröhlen, saufen, da zittern alle. Und uns ist noch nie was passiert.“ Türkische Jugendgangs gibt es noch kaum, die Straße gehört den Glatzen. Vor allem den Jungs. Kommt es zu Prügeleien mit Linken, Ausländern oder anderen Skins, stehen die Girls meist in der zweiten Reihe. „Ich bin einmal, da war ich 16, mit ’ner Freundin einem Typen hinterher gerannt, der so einen roten Stern auf der Jacke hatte. Wir sind dem von hinten ins Kreuz gesprungen und haben ihm ein paar Tritte verpasst. Aber da kamen schon die Jungs und der ist weggerannt.“

Auch die Mädchen prügeln sich häufig, allerdings untereinander. Meistens geht’s um Typen. Aus Eifersucht, um zu imponieren oder in der Hierarchie aufzusteigen. Wer mal eine andere umgeboxt hat, steigert auch unter den Frauen seinen Wert. „Der Konkurrenzkampf unter den Skingirls ist übelst. Da gibt es immer Typen, die besonders beliebt sind, und wenn dann mehrere auf einen scharf sind, dann versucht jede eben, sich durch Prügel gegen die anderen durchzusetzen und auf sich aufmerksam zu machen.“ Schließlich versuchte Claudia, den ständigen Intrigenspielchen durch eine Mädchengruppe innerhalb der Gang entgegenzuwirken. Zehn Skinheadgirls machten mit, zogen am Wochenende ohne die Jungs um die Häuser – bis die ersten Freunde gewechselt wurden. Der Streit ging wieder los. Die Gruppe zerfiel. Die Mädchen prügelten wieder aufeinander ein.

Skingirls ohne Freund in der Clique gibt es selten. Macht der Typ Schluss, muss sie sich einen neuen suchen oder die Gruppe verlassen. Ihre Funktion ist eindeutig: Groupie. Gratissex und anhimmelnde Blicke für die Helden der Straße. Nur selten entstehen ernsthafte, längerfristige Paarbeziehungen. Und häufig ist das der erste Schritt zur Abnabelung von der Clique. Judy (18) war ein Jahr lang mit Skins zusammen. Ihre Beobachtungen bei Skin-Freundinnen: „Sie sind still, halten ihren Mund, und wenn einer der Jungs Bock auf sie hat, sind sie da. Die haben die Vorstellung, ein Mann muss stark sein, sich prügeln können und flotte Sprüche drauf haben. Sie geben nie Kritik von sich. Und wenn sie das tun, werden sie ganz schnell ausgeschlossen.“ Nur die wenigsten Mädchen schaffen es, als eigenständige Persönlichkeiten akzeptiert zu werden. „Ich war es eine Zeit lang“, erinnert sich Claudia. „Aber sobald ich wieder mit einem zusammen war, zack, war ich wieder nur die ‚Freundin von ...‘.“

STREETFIGHTERINNEN

„Gegen Faschismus, Rassismus und Sexismus!“ – Keine andere Szene fordert die Gleichrangigkeit der Geschlechter derart heftig wie die linksradikale. In keiner anderen Szene finden sich auch so viele selbstbewusste Frauen, die Druck machen, ihre Ansprüche lautstark durch beispielhafte Aktionen einklagen. Da werden Szene-Zeitschriften boykottiert, weil sie keine frauenspezifischen Themen bringen; da wird in einem Café von männlichen Gästen eine Mark zusätzlich zugunsten der Opfer von Männergewalt kassiert; da werden zur Hauptverkehrszeit U-Bahn-Waggons besetzt und Typen der Zutritt verwehrt – als demonstrativer Protest gegen sexistische Anmache. Dennoch sind die Utopien kein selbstverständlicher Bestandteil des Lebensalltags. Der plakative Dreisatz bleibt oft genug eine bloße Flugblattparole, die im alltäglichen Umgang miteinander kaum umgesetzt werden kann. Typen glauben, weil sie „links" sind, vor Mackeranwandlungen per se gefeit zu sein. In besetzten Häusern werden Frauen als „Votze" beschimpft, ohne dass solche Entgleisungen irgendwelche Reaktionen der Zuhörer auslösen. In den Kneipen der Szene gilt das ewig gleiche, klassische Ritual: „Frauen klimpern mit den Wimpern, reizen mit ihren Reizen, Typen machen einen auf stark und hart: Was bin ich doch für ein toller Politmacker!" Auch in Diskussionen, hat die Kreuzberger Streetfighterin Nigül festgestellt, „wirst du als Frau immer noch gerne überhört, wenn du nicht gleich auf den Tisch haust: ‚Lass mich ausreden.' Ein Hauptproblem ist, dass Typen ganz anders reden und ihr tägliches Denken gerne an Fakten, Zahlen, Theorien festmachen. Frauen sind eigentlich immer noch ein bisschen intuitiver: ‚Ich denke', ‚ich fühle', ‚ich glaube'. Und damit kommst du bei Typen nicht durch." Westberliner Anti-AKW-Männer brachten es einmal selbstkritisch auf den Punkt: „Locker souveräne Männer mit analytischem Durchblick stehen mal wieder emotional pöbelnden Frauen gegenüber." Die Konsequenz: Immer mehr Frauen ziehen sich aus gemischten Zusammenhängen zurück. Die Frauengruppe als stille Kapitulation?

„Das ist nicht die Aufgabe von uns Frauen, Typen ständig zu erklären, was sie wieder falsch gemacht haben", meint Thea (21), Aktivistin der Antifa-Jugendfront. „Das sollen die Typen miteinander regeln. Die sollen selbst einen ansprechen, der dumme Sprüche bringt oder so. Wenn jemand bei uns mitarbeiten will, reicht es nicht zu sagen, ich bin gegen Nazis, versuche auch, mich antirassistisch zu verhalten, und behandle Frauen doch wie der letzte Dreck." Ein Drittel der Jugendfront-Mitglieder sind heute Mädchen und Frauen. Da die meisten sehr jung sind, verlaufen die Diskussionen noch unbelastet vom langjährigen Szene-Frust – engagierter, heftiger. Paarungsrituale spielen zumeist keine große Rolle, das konkrete politische Ziel steht im Vordergrund. „Geschlechtsneutrale" Eigenschaften wie Kreativität, Engagement, soziales Verhalten, „sich aufeinander verlassen können", und der im Allgemeinen unhierarchische Aufbau der Gruppen fördern den emanzipatorischen Umgang. Auch bei den militanten Aktionen sind die Antifa-Frauen dabei. „Wenn wir in der Gruppe beschließen, zum Beispiel eine Aktion gegen irgendein ‚Sex-Paradies' zu starten, in dem thailändische Frauen unter Knastbedingungen leben müssen, oder gegen eine Veranstaltung der Faschos, dann machen wir das auch zusammen." Allerdings hat Thea ähnliche Erfahrungen gemacht wie Nigül: Wenn's Schlag auf Schlag geht, „stehen die Typen wieder in der ersten Reihe und müssen unbedingt als Erster zuhauen, um zu zeigen, wie toll sie kämpfen können, während Frauen oft noch eher defensiv abwarten, ob es wirklich notwendig und sinnvoll ist."

Gibt es Unterschiede zwischen männlicher und weiblicher Gewalt? Eine brisante Frage, die bis heute nicht einmal ansatzweise erforscht ist. Jedenfalls ist es uns nicht gelungen, auch nur eine einzige, grundlegende Arbeit zu diesem Thema aufzuspüren. Die häufig geäußerte Vermutung, dass menschenfeindliche, destruktive Gewalt eine Domäne der Männer sei, ist nicht wirklich belegt. Unsere eigenen, nicht-wissenschaftlichen Untersuchungen, basierend auf Beobachtungen bei Demonstrationen und Aktionen sowie Interviewgesprächen mit zwölf Frauen diverser Gangs und Szenerien, weisen auf deutliche Unterschiede zwischen den Geschlechtern hin: Militante Frauen setzen physische Gewalt in der Regel zielgerichtet ein: aus politischen Motiven oder als Befreiungsschlag gegen reale und vermeintliche Konkurrentinnen. Frauen, die einzeln oder in der Gruppe losziehen, um Typen zu provozieren und zu verprügeln, sind – noch? – Ausnahmen. Lust an der Gewalt verspürt kaum eine der von uns interviewten Frauen – ganz im Gegensatz zu mehreren männlichen Gesprächspartnern, die den Akt des Aufeinanderlosgehens als ein geradezu sexuelles Erlebnis beschrieben. So gibt es unter den etwa 5-8.000 gewaltbereiten Hooligans, also derjenigen Gruppierung unter den Gangs, für die Gewalt purer Selbstzweck ist, bezeichnenderweise weniger als eine Handvoll Frauen bundesweit.

Der Krieg in den Städten ist ein Krieg der Männer. Ob multinationale oder fußballbegeisterte Gangs, Redskins oder Boneheads: Frauen spielen eine marginale Rolle. Die Fakten sprechen eine deutliche Sprache. Nicht nur in rechtsextremen Organisationen stellen die Jungen und Männer etwa 90 Prozent der Mitglieder. „Obwohl Mädchen im Alltag belasteter sind, zeigen sie weniger nationalautoritäre Einstellungen und deutlich weniger Gewaltbereitschaft", stellte der Politologe Thomas Mücke fest. Bei den Rechtsaußen liegen die Gründe auf der Hand. Ihr repressives Frauenbild wirkt gerade auf jüngere Frauen nicht sehr attraktiv. Selbst konservative Teenies erwarten in den 90er Jahren vom Leben mehr als die drei „Ks“: Kinder-Küche-Kirche. Selbständigkeit, Mobilität, ein eigenes Einkommen und berufliche Erfüllung sind allgemein als erstrebenswert angesehene Werte. Zudem votieren Mädchen und Frauen, so Prof. Kurt Möller von der Esslinger Fachhochschule für Sozialwesen, „im Allgemeinen im geringeren Ausmaße für rechte Parolen, sind sensibler für soziale Ungleichheiten und Ungleichbehandlungen und zeigen geringere Gewaltakzeptanz.“ Lediglich im Bereich der Ausländerfeindlichkeit übertreffen sie teilweise ihre männlichen Altersgefährten. Kurt Möller: „Die von Generation zu Generation überlieferte ‚Angst vorm schwarzen Mann‘ scheint tief zu sitzen.“ Tatsächliche Erfahrungen mit aggressiv auftretenden türkischen Jungmachos, von Medien in einem Zug mit der angeblich besonders hohen „Ausländerkriminalität“ zum Massenphänomen hochgepuscht, die allgemeine Angst vor Männergewalt und rassistische Vorurteile, die sich als billige Ventile anbieten, ergeben ein unheimliches, xenophobes Gebräu. Skin-Frau Claudia in einer Diskussion über Ausländerfeindlichkeit: „Ich lehne die nicht ab. Ich hab Angst vor denen. Wenn ein Türke oder Araber auf mich zukommt, dann hab ich Angst; wenn ein Deutscher auf mich zukommt, dann hab ich keine Angst, weil ich von dem einfach nichts erwarte.“ Dagegen helfen weder Diskussionen noch Prügel von wackeren AntifaschistInnen, sondern allenfalls Vorkehrungen, die das reale Ausmaß der Gewalt gegen Frauen eindämmen. Kurt Möller: „Die Skala solcher Maßnahmen reicht von der Verfolgung von Gewalt in der Ehe über öffentliche Subventionierung von Nachttaxen und von Frauen- und Mädchenhäusern bis hin zur Förderung von Männerbüros, die sich um gewalttätige Männer kümmern. Maßnahmen wie diese haben vordergründig mit ‚Antifaschismus' nichts zu tun. Gerade darin liegt ihre Chance."

Die Abwesenheit der Mädchen in den Jugendgangs spiegelt auch die gesellschaftliche Entwicklung der letzten zehn Jahre wider. „Meine Hochachtung gehört unseren Müttern, die ein Leben lang ihre Pflicht getan haben, ohne zu protestieren. Die nie demonstrieren konnten – gar nicht wissen, wie das geht." Was der Kanzler aller Deutschen vor der Vereinigung der Hausfrauen im Zusammenhang mit der Stationierung der Pershing-II-Raketen zu Protokoll gab, hat seine Echos bei den Gangs. In der Sprache der Black Panther heißt es dann: „Mädchen, die in einer Gang abends durch die Straßen ziehen, sind nicht gut. Ein türkisches Mädchen muss zu Hause bei seiner Mutter bleiben." In der Sprache der Fighters: „Wenn unsere Freundinnen eine Gang aufmachen, würden wir das nicht akzeptieren. Wenn sie mal Ärger haben, sind wir doch da. Das mit ihrer Clique sollen sie mal sein lassen."

BONUS-TRACK: „ANMACHE IST ANMACHE."

Eine Gesprächsrunde mit den Schwestern Devran (21) und Des (15) von der Kreuzberger Mädchengang Ghetto Sisters, der „autonomen Kommunistin" Nigül (21) und den Skinheads Claudia (19) und Cora (20).

Das folgende Gespräch wurde damals für das Buch geführt, aber dann doch nicht gedruckt.

Devran: Was habt ihr eigentlich ein Bild von uns? Das würde mich mal interessieren.
Claudia: Ich hab gar keine Vorstellungen von Ausländern.

Aber schlechte Erfahrungen hab ich gemacht.

Nigül: Blöde Anmache wahrscheinlich.

Claudia: Ja.

Nigül: Die gibt's auch von Deutschen. Anmache ist Anmache, egal, ob das nun ein Türke ist, der mich anwichst, oder ein Deutscher.

Claudia: Wenn ein Ausländer auf mich zukommt, dann hab ich Angst; wenn ein Deutscher auf mich zukommt, nicht, weil ich da einfach nichts erwarte. Ich lehne Ausländer nicht ab, ich hab Angst vor denen.

Nigül: Wenn irgendwelche besoffenen Prolls auf dich zukommen, hast du keine Angst?

Claudia: Nein, sehr selten. Wenn ich welche kennen lerne, wie neulich zum Beispiel zwei Araber, dann hab ich vor denen auch keine Angst mehr.

Nigül: Du hast keine Angst, wenn du eine türkische Familie siehst, oder?

Claudia: Warum sollte ich vor denen Angst haben?

Nigül: Eben. Du hast Angst vor Typen. Das ist ein wichtiger Unterschied.

Devran: Es gibt Scheiß-Deutsche und Scheiß-Typen unter den Türken. Aber kann doch nicht alle unter eine Decke stecken. Klar, wenn ich euch so sehe mit diesen Schuhen, Jacken und der Frisur, denke ich auch, das ist 'ne Rechte.

Nigül: Das ist auch falsch. Es gibt auch Redskins und andere, die okay sind. Die wahren Nazis sehen oft nicht mal so aus.

Claudia: Ich bin kein Nazi! Ich kenne welche. Aber ich denke nicht so wie die.

Nigül: Sagst du denen auch deine Meinung?

Claudia: Jetzt schon, weil ich mit denen nichts mehr zu tun habe. Man grüßt sich noch, wenn man sich trifft, redet vielleicht über alte Zeiten, und das ist es auch.

Devran: Eine Skinfrau war bei mir in der Klasse, die war okay. Wir haben sogar zusammen die Heavies in der Klasse fertig gemacht. Bei der war ich auch zu Hause, da hat sie mir ihre Hitler-Bücher gezeigt. Aber mit der kam ich klar.

Wie reagierst du, wenn du einer unbekannten Skin-Frau auf der Straße begegnest?
Devran: Früher hab ich die gleich dumm angemacht: Scheiß Nazi und so. Und dann gab's halt eine Schlägerei. Ich weiß, dass es nicht so ganz richtig ist, allein wegen der Frisur und so, aber …
Claudia: Ich kann doch auch nicht einfach jedes türkische Mädchen auf der Straße anmachen!
Cora: Wenn wir in 'ner größeren Gruppe unterwegs sind, dann ist immer die Gefahr, dass sich das hochputscht. Aber meistens werden wir Frauen dann auch in den Hintergrund gestellt. Wir haben da meistens sowieso nichts zu sagen. Höchstens, wenn da Frauen bei sind, die völlig normal sind und sich da hinstellen und ‚Sieg Heil' brüllen, die kriegen dann von uns auf die Schnauze, weil sie keine Ahnung haben, was ein Skinhead ist, und denken, nur weil sie ein paar rechte Sprüche raushauen und mit Skinheads rumhängen, sind sie's nun. Dann kriegen sie einen Denkzettel. Wir hauen also eigentlich mehr unseren eigenen Weibern auf's Maul.
Claudia: Früher, mit 15, 16, bin ich noch mit gerannt, wenn so Aktionen stattfanden. Heute versuche ich eher zu verhindern, dass was passiert. Wenn ich jetzt sehen würde, dass Skinheads auf ein einzelnes türkisches Mädchen oder überhaupt auf eine einzelne Person losgehen, da würde ich krass werden. Wie neulich im Osten. Da haben sie sich zu fünft um so einen kleinen Rapper gestellt, alle vermummt und blöde, und einer geht hin und haut dem auf die Fresse.

Devran: Unsere Mädchen sind mutig und machen Nazi-Jungs an. Eure sind feige und machen irgendwelche an, die sich nicht wehren können. Zum Beispiel auch ältere Leute. Wir haben euch schon ein paar Mal in Kreuzberg erwartet, ihr seid nie gekommen.
Claudia: Aber wenn ihr da zu fünft steht und da kommen zehn von uns, würdet ihr doch auch flitzen, oder?
Des: Nein, wir würden wieder mal unser Bestes geben und nicht abhauen!
Claudia: Skins trauen sich oft nur was, wenn sie in 'ner großen Gruppe sind und oft noch besoffen oder auf Drogen. Und dazu kommt noch, dass in den letzten zwei, drei Jahren wenig Frust abgelassen werden konnte, weil die meisten Zoff mit den Bullen hatten, Anzeigen laufen hatten und sich nichts mehr leisten konnten.
Devran: Da sind wir noch schlimmer dran. Wir werden, wenn wir irgendwelche Scheiße machen, entweder sofort abgeschoben oder wir gehen ein paar Jahre in den Knast und dann Abschiebung. Und wir haben keine Heimat. Wir können uns drüben nicht wohl fühlen und hier auch nicht.
Claudia: Das stimmt, das ist nicht gut. Ich meine, ich hab auch positive Erfahrungen gemacht …
Devran: Was würden denn deine Kumpels sagen, wenn du nicht gegen Ausländer bist? Würden sie das akzeptieren?
Cora: Ja, warum nicht?
Claudia: Die meisten Skins, mit denen wir zusammen sind, sind nicht mehr gegen alle Ausländer. Es sei denn die, die ihr Hirn schon weggesoffen haben. Aber eigentlich hat sich die Meinung durchgesetzt, dass nicht alle Ausländer schlecht sind. Es gibt inzwischen Skins, die türkische oder schwarze Freunde haben. Früher war das schwieriger. Da sollte man lieber in der Gruppe nicht erzählen, dass man einen Türken

kennt. Ich kann erzählen, dass ich mich heute hier mit euch getroffen habe.

Devran: Unsere Jungs hauen niemals Mädchen …

Nigül: Das stimmt auch nicht.

Devran: Also ich hab das noch nicht gesehen.

Claudia: Ich wurde schon mit zwölf Jahren, als Kind praktisch noch, von Ausländern betatscht. Von Deutschen nie.

Cora: Bei mir in der Klasse waren auch ziemlich viele Ausländer, und die konnten dann wohl irgendwie ihren Trieb nicht mehr beherrschen. Da wurde man dezent auf den Tisch geknallt, und dann haben die versucht, einen abzuknutschen. Das war so eklig. Es war jeden Morgen eine totale Überwindung für mich, zur Schule zu gehen. Wenn ich meine Freundin nicht gehabt hätte, wäre ich abgegangen. Die ist auch immer voll gequält worden, weil sie so klein war. Die ist dann auch mit mir zusammen Skinhead geworden.

Devran: Die Härtesten sind die Grauen Wölfe. Das sind Faschos. Ich hasse die auch. Die sind so was von hart auch gegenüber türkischen Mädchen.

Nigül: Ich find, wir sollten jetzt mal aufhören, zu zerlegen, wie oft und wann die Möglichkeit bestünde, dass die jeweiligen uns umgebenden Typen vielleicht eine Frau schlagen. Das bringt uns ja auch nicht weiter. Fakt ist, dass ich zum Beispiel, weil ich undeutsch aussehe, von deutschen Dummbrottypen angemacht werde, und Claudia bestimmt, weil sie blond ist, von einigen ausländischen Minusmännern als Freiwild betrachtet und genauso verachtend angemacht wird.

Claudia: Ich hab es erst einmal erlebt, dass welche von euch auf uns zugegangen sind und den Mut hatten, mit uns zu quatschen. Das fand ich ganz toll. Deshalb bin ich ja so glücklich, dass ich jetzt mal mit welchen von euch quatschen kann. Wie soll ich denn an Türken rankommen? Außer in der Schule?

Devran: Ich kann dich gerne mal mitnehmen und mit anderen Türken bekannt machen. Da wird auch garantiert nichts passieren. Wir sind immer gastfreundlich.
Claudia: Würd' ich machen.
Des: Aber wenn ich zu euch kommen würde, würden die mich glatt zusammenschlagen.
Claudia: Wenn du mit mir auftauchst, glaube ich nicht. Ich bin jetzt so lange dabei, die haben Respekt vor mir. Denke ich jedenfalls.
Cora: Wie steht ihr denn in eurer eigenen Gruppe da? Werdet ihr geachtet?
Devran: Ich persönlich werde sehr geachtet. Unsere Jungs haben Respekt vor mir.
Cora: Und deine Eltern?
Devran: Die wissen davon nichts. Ich darf auch mit keinem Jungen reden auf der Straße.
Cora: Und Kopftuch tragen?
Devran: Nein, das ist nicht bei allen so. Mein Bruder hat mich mal erwischt, wie ich mit Jungs zusammen saß. Da hat er mich erst mal auf der Straße zusammengeschlagen, dann hat er mich mit nach Hause genommen, mir die Haare abgeschnitten, fast eine Glatze. Ich musste mit einer Gehirnerschütterung ins Krankenhaus.
Nigül: Ekelhaft! Wenn mein Bruder das einmal machen würde, ich würde den abstechen.
Devran: Einerseits müssen die das machen. Das wurde ihnen von den Eltern als Pflicht übergeben, und wenn sie das nicht machen, dann ist irgendwie ihre Ehre kaputt, dann trauen sie sich nicht mehr unter Freunde.
Nigül: Aber spätestens diese Generation hat die Möglichkeit und muss sie sich auch nehmen, sich von diesen schwachsinnigen, anerzogenen, islamisch-fundamentalistischen Riten befreien.

Des, du bist fünf Jahre jünger als Devran. Hat sich bei dir schon was geändert zu Hause?
Des: Ja, ich bin viel freier als sie. Ich darf länger draußen bleiben, ich darf mit Jungen reden bzw. die haben mich noch nie mit einem Jungen erwischt, also vertrauen sie mir.
Nigül: Und wie soll das weitergehen? Werdet ihr demnächst verheiratet?
Devran: Ich bin schon verheiratet. Aber ich lasse mich bald scheiden, weil ich mit so einem Scheißkerl nicht zusammenleben will. Ich hab den schon immer gehasst und weggejagt.
Des: Aber die Eltern bereuen das jetzt auch schon. Die haben bei Devran gesehen, dass es nicht funktioniert und nur Ärger bringt. Deshalb muss ich nicht mehr so heiraten.
Devran: Das Schlimmste war die Hochzeit. Da musste ich mit ihm schlafen, beweisen, dass ich Jungfrau war, voll grässlich, so mit Blut im Bettlaken, und draußen standen die Mütter und warteten auf das Ergebnis. In unserer Familie ist das sogar noch so, wenn du keine Jungfrau bist, wirst du umgebracht. Ich hatte Glück. Aber auch Leute, die mich unterstützen. Sogar Jungs.

Sind heute eigentlich mehr Mädchen dabei als früher?
Cora: Im letzten Sommer gab es eine richtige Welle. In unserer Gruppe waren ungefähr zehn neue Mädels dabei. Da haben wir schon gedacht, toll, endlich mal wieder eine richtige Mädchengruppe und nicht nur immer diese Typen. Aber die haben fast alle wieder aufgehört.
Des: [grinst] Vielleicht haben sie türkische Jungs gefunden …
Cora: Jetzt kommt die große Welle aus dem Osten rüber. Und die kannst du sowieso alle auf den Mond schießen. Die Weiber sind beknackt, die Typen sind beknackt. Mit denen wollen wir echt nichts zu tun haben.

Devran: Die sollen die Mauer wieder zumachen.
Nigül: Zwei Meter höher.
Cora: Da sind wir uns einig. Die haben auch überhaupt keine Ahnung, was Skinhead ist, dass es mal aus England kam und aus der Arbeiterbewegung.

Was bedeutet denn Skinhead-Sein für dich?
Cora: Was für mich gezählt hat, das war die Gruppe. Weil ich gedacht hab', durch die Gruppe werd' ich was, bin ich was, bin ich nicht mehr so unterdrückt und das Nichts. Die Leute haben Angst vor dir. Ich fand die Musik gut und die Klamotten. Ich war ja vorher schon Rockabilly. Bei der Politik hab ich eigentlich nie durchgeblickt, und irgendwann hab ich einfach gesagt, ach, scheiß drauf.

Wie haben deine Eltern reagiert, als du Skinhead wurdest?
Cora: Denen ist eigentlich alles egal. Ich bin schon immer ‚antiautoritär' erzogen worden. Wo ich noch bei meinen Eltern gewohnt hab', kamen natürlich immer wieder Bekehrungsversuche, wenn ich die ganzen Leute angeschleppt habe, alle kurze Haare und so, dann die Aufkleber von der NF [Nationalistische Front] in meinem Zimmer, ‚Auschwitz-Lüge' und solche unüberlegten Sprüche, die da immer fielen.
Claudia: Voll auf Provokation. Irgendwie schon komisch: Ich kann mich kaum noch daran erinnern, in Geschichte etwas anderes gemacht zu haben als Nationalsozialismus. Ich glaube, das war einfach zu viel des Guten. Man kann es irgendwann nicht mehr hören und sehen. Schon seit der fünften Klasse: ‚Als Hitler das rosa Kaninchen stahl.' Eigentlich müsste ich ziemlich viel wissen. Aber ich hab das alles ignoriert und abgestritten. Ich hab dagesessen bei den Filmen über die Juden, hab meine Schnecke gefressen und fast

angefangen zu lachen. Und nach dem PW-Unterricht erst mal die *Nationalzeitung* auf den Tisch gelegt. So ab der elften Klasse hab ich dann angefangen, darüber nachzudenken.

Warum seid ihr bei den Ghetto Sisters?
Devran: Zusammenhalten und Probleme bequatschen. Wir unternehmen viel, gehen zusammen ins Kino, machen Feten.
Des: Letztens waren wir zusammen im Theater.
Claudia: Das war bei uns früher auch so. Aber heute ist alles auseinandergebröckelt. Man trifft sich höchstens noch mal am Wochenende, sieht sich vielleicht zufällig mal, keiner ruft einen mehr an. Überhaupt kein Zusammenhalt mehr, wenn ich das jetzt mal ganz ehrlich sagen soll. Deshalb können die Skins hier auch gar nicht mehr gegen Türken antreten. Ich glaube, viele Skins beneiden die Türken auch darum, dass da noch so ein Zusammenhalt ist, und haben auch Angst davor. Wenn wir früher so mit zwanzig Mann aufgetreten sind, alle kahl geschoren, in die S-Bahn rein, rumgegröhlt, gesoffen, da haben alle gezittert und uns ist nie was passiert. Dann fing das mit euren Gangs an, und heute haben die meisten Leute, die ich kenne, völlig Angst vorm S-Bahn- oder U-Bahn-Fahren. Und schon gar nicht in Wedding, Kreuzberg oder Neukölln.

Wenn man die öffentliche Hysterie verfolgt, hat man das Gefühl, es wird immer schlimmer und härter hier in der Stadt. Stimmt das?
Devran: Unsere Kleineren werden schlimmer als wir.
Claudia: Das ist auch bei uns so. Die Alten haben sich jetzt beruhigt, während die Jüngeren total durchknallen. Die haben noch keine Vorstrafen, wissen noch nicht, wo es lang geht. Und die ganz Jungen, die gerade erst versuchen, was darzustellen, die gehen auch auf wehrlose Leute los. Dieser Ostler,

der den kleinen Rapper verprügelt hat, ist anschließend noch einem alten Penner, der da mit einer Schrippentüte vorbei kam, voll ins Kreuz gesprungen. Dann hat er allerdings von uns Pfeffer gekriegt. Aber solche Leute rennen heute hier rum. Das sind oft Leute, die sich für ein halbes Jahr die Haare kurzschneiden, irgendwelche Scheiße bauen, dann Probleme mit den Bullen kriegen und die Haare wieder wachsen lassen. Davon habe ich so viele kennen gelernt. Aber die hinterlassen dann für die gesamte Szene das schlechte Image. Es gibt absolut viele Skinheads, die völlig daneben sind. Aber es gibt eben auch andere. Mein Freund versucht auch immer, sich so darzustellen, als wenn er der Härteste überhaupt ist. Aber ich kenne ihn ja nun besser.

Nigül: Die Jüngeren haben keinerlei moralische Skrupel mehr, jemanden zu töten. Schon die Worte, die sie benutzen: ‚Ja, und dann haben wir den gepiekt.' Anstatt zu sagen: Wir haben den mit dem Messer gestochen oder abgestochen. Das macht denen nichts aus. Die beklauen auch Penner und Omas. Oder die gehen zu zehnt auf einen drauf und treten den zusammen, bis er nicht mehr aufsteht. Das würde ich nie machen. Die sind echt voll kaputt. Vor allem hab ich das Gefühl, dass sie völlig die Linie verlieren, dass sie nur noch stumpf den täglich auf sie ausgeübten Druck abreagieren, ganz im Sinne des Systems an ganz unten Stehenden ihres eigenen Milieus, anstatt die herrschende Klasse unter Druck zu setzen, nämlich durch gezieltes Kämpfen. Aber trotzdem kann sich auch noch vieles positiv entwickeln. Sie sollen ruhig etwas Kampferfahrung sammeln, aber es muss dabei unsere Aufgabe sein, zu verhindern, dass sie ziellos ihre Energie verschwenden.

Devran: In ein paar Jahren wird es noch schlimmer sein. Dann werden überall scharfe Knarren im Umlauf sein. Ich kenne heute schon mehrere, die mit scharfen Knarren herumlaufen.

Wie seid ihr denn bewaffnet?

Des: Ich hab Tränengas. Ich bin oft abends noch unterwegs.

Cora: Ich hatte mal ein 8 mm Gas. Eine Zeit lang hatte ich an allen Fingern Ringe. Da hätte ich mir aber wahrscheinlich eher die Finger gebrochen, wenn ich damit zugekloppt hätte; die hab ich dann weggeschmissen. Seitdem hab ich gar nichts mehr bei.

Devran: Ich hab noch nie irgendwas bei mir getragen. Meine Fäuste haben bisher immer gereicht. Auch wenn ich schon ein paar Mal auf die Fresse gekriegt habe. Egal.

Nigül: Das seh ich ähnlich. Aber ich mach Taekwondo. Kann ich nur jeder Frau empfehlen.

Des: Ich mache zusammen mit einer Freundin Kickboxen.

Claudia: Ich hab früher Gas gehabt, das hat jetzt meine kleine Schwester, und ich laufe heute ohne rum. Aber ich glaube, ich werd' mir wieder was besorgen. Die laufen heute ja alle mit Gas rum, auch ganz stinknormale Mädchen, die sich zu keiner Gruppe zählen. Eine Zeit lang hatte ich mal ein Butterflymesser, aber dann hatte ich zu viel Angst, dass das gegen mich gewendet werden könnte. Aber ich finde es eigentlich traurig, dass man sich heute gar nicht mehr ohne Waffen auf die Straße trauen kann.

Cora: Ich hab drei Jahre Judo gemacht, bin sogar bis zum grünen Gürtel gekommen. Aber das war voll schwachsinnig. Wenn man da einen trifft, der ein T-Shirt anhat, dann hast du das T-Shirt in der Hand, bloß nicht den Typen über die Schulter gewälzt. Dann hab ich Bodybuilding gemacht. Da kam ich mir vor wie so 'n Packer, hatte mal den Griff von 'ner S-Bahn-Tür in der Hand, aber zu mehr reicht es auch nicht. Du kriegst voll die Kraft, kannst sie aber nicht anwenden.

Diskutiert ihr in euren Gruppen über Waffen?

Claudia: Wenn mein Freund mit 'ner scharfen Waffe auftauchen würde, würd' ich sagen, lass die wieder verschwinden. Aber unter Skins sind eigentlich nur Knüppel und vielleicht noch Messer angesagt.

Nigül: Da liest man aber oft was anderes …

Claudia: Das sind die parteimäßig Organisierten. Die Wahnsinnigen. Die Politischen. Die haben ja sogar Mollies. Das ist aber was ganz Anderes als wir. Das sind keine Skinheads.

Devran: Mich interessiert das nicht, was unsere Jungs haben. Das ist ihre Sache. Aber scheiße ist es schon. Zumal die echt oft nur Türken kaltmachen. Da wechselt einer von den Black Panthers zu uns rüber, schon kommen die alle an und es gibt eine Messerstecherei.

Nigül: Das große Vorbild Amerika. Die lesen, wie hart die da angeblich alle sind, und wollen genau so sein.

Claudia: Bei den Skins ist es oft ähnlich, vor allem, wenn sie besoffen sind.

Devran: Bei euch ist es Alkohol, bei uns sind es Drogen.

Claudia: Das hat bei uns in letzter Zeit auch zugenommen. Ich kenne schon ein paar, die spritzen. Koks und Hasch sowieso.

Devran: Bei uns kifft die Mehrheit. Ein paar nehmen Folie. Die streuen Heroin auf Folie, machen Feuer und ziehen den Rauch ein. Das ist noch teurer und härter als spritzen.

Nigül: Aber glücklicherweise läuft in den Gangs auch viel Anderes ab, eben: zusammen Sachen machen, die die Handlanger des Systems auf gewisse Art und Weise schon beschäftigen.

Des: Nur in keine Disco kommen wir als Gruppe rein.

Cora: Wir auch nicht. In keine einzige. Und alleine oft auch nicht. Doc Martens reichen schon für ein Hausverbot.

Devran: Wenn wir als Gruppe durch Kreuzberg laufen, kommt gleich eine Wanne an, die steigen aus, knallen dich an die Wand und durchsuchen dich. Aber wie! Zwischen den

Beinen und so. Ein Mädchen von uns wurde mal im Wedding von fünf Bullen zusammengeschlagen.
Cora: Einem von uns haben sie mal den Arm gebrochen.
Des: Ich saß auch schon neun Stunden im Knast. Wir hatten eine Schlägerei mit Weddinger Mädchen, und dann kam die Polizei und hat uns mitgenommen.
Claudia: Das ist ein richtiger Kleinkrieg irgendwie unter den Jugendlichen. Als gäbe es keine große Sache mehr, für die man leben kann. Ich hab immer das Gefühl, die suchen alle noch nach was.
Devran: Die wissen nur nicht wonach.
Claudia: Unsere Eltern hatten noch eine Aufgabe, ein Ziel, nämlich ihr Land aufzubauen, ihren Lebensstandard zu verbessern. Wir wurden in eine Wohlstandsgesellschaft hineingeboren, und viele wissen einfach nichts mit sich anzufangen. Und irgendwelche politischen Organisationen geben ihnen dann ein ‚Ziel'.
Devran: Also ich träum zum Beispiel gar nicht von viel Knete oder so. Ich hab nichts in der Tasche, aber ich habe meine Freunde, und wenn ich mal Geld brauche, kriege ich es auch von meinen Freunden.
Cora: Ich finde Geldverdienen und einen guten Beruf schon sehr wichtig.
Claudia: Wenn man später viele Kinder haben will, braucht man schon Geld.
Nigül: Ich würde hier in diese Welt keine Kinder mehr setzen.
Devran: Ich auch nicht. Wenn ich auf dem Land leben würde vielleicht.
Nigül: Ich finde es auch echt besser, dass ich aus einer ärmeren Familie komme, weil ich bestimmt mehr gesehen und gelernt habe als Kinder, die aus gutbürgerlichen Elternhäusern kommen, wo ihnen alles mit 'nem Zuckerrohr in den

Arsch geblasen wurde. Die kriegen nämlich nichts selbst auf die Reihe.

Wie kann man die festgefahrene Situation ändern, um amerikanische Verhältnisse hier zu verhindern? Gespräche wie dieses?

Claudia: Ein Anfang. Man lernt sich wenigstens etwas kennen.

Cora: Gespräche wie dieses ändern vielleicht die Meinung über die beteiligten Personen, aber auf keinen Fall über die Gruppen. Das Gespräch macht mir eher noch Angst, wenn ich daran denke, dass Kinder im Alter von zwölf oder dreizehn Jahren mit einer scharfen Knarre durch die Gegend rennen und Leute bedrohen. Ich habe aus diesem Gespräch heraus beschlossen, jeder türkischen Gang noch mehr aus dem Weg zu gehen als bisher.

Devran: Ich glaube, man kann daran nichts ändern, so lange die Politiker mit uns hier spielen.

Nigül: Ich finde, im engsten Freundeskreis kann man schon was ändern. Wenn ich zum Beispiel von jemandem, mit dem ich enger zusammen bin, höre, der holt sich eine Knarre, dann würde ich diesen Menschen verabschieden. Oder er lässt es. Jemanden umzubringen, einfach abzudrücken, dazu gehört nicht viel Mut. Es ist viel schwieriger, mit jemandem noch zu reden, sich auseinanderzusetzen,

Cora: Man müsste mit dem Nachwuchs arbeiten, dieses Menschenverachtende wieder wegkriegen. Wenn sie älter werden, hört das sowieso auf. Das muss früher anfangen. Schon im Kindergarten eigentlich.

Claudia: Sowieso glaube ich, dass – wenn überhaupt – nur in der Schule auf Kinder Einfluss genommen werden kann. Die Eltern sind meistens zu ahnungslos oder sie ignorieren einfach alles. Die Schule müsste die Kinder viel menschenfreundlicher erziehen. Das ist die einzige Chance.

Devran: Die Klassen müssten viel mehr gemeinsam unternehmen, zum Beispiel auch, um andere Kulturen kennen zu lernen.

Claudia: Trotzdem bin ich sehr skeptisch, ob es nicht vielleicht doch schon zu spät ist, und ob man diese Kettenreaktion überhaupt noch stoppen kann. Erwachsene sollten die Probleme der Jugendlichen viel ernster nehmen!

JUGEND ALS SICHERHEITSRISIKO

Seitdem der Krieg in den Städten in die heiße Phase eingetreten ist, wird der Ruf nach Sicherheit und Ordnung immer lauter. Die Väter lassen ihre „Sondereinheiten" gegen die rebellierenden Söhne und Töchter antreten. Einmal mehr ist der staatliche Repressionsapparat die erste gesellschaftliche Instanz, die auf die Aus- und Aufbruchversuche der Jugend reagiert.

So wurden in Berlin, lange bevor sich ein knappes Dutzend StreetworkerInnen der umherschweifenden Gangs annahm, etwa 30 Polizeibeamte auf sie angesetzt. In den fünf Polizeidirektionen der Stadt wurden spezielle Ermittlungsgruppen zur Jugendgruppengewalt eingerichtet. Eine zentrale „Arbeitsgruppe Gruppengewalt" bei der „Direktion Verbrechensbekämpfung, Einsatz und Sonderaufgaben" koordiniert die Arbeit der dezentralen Ermittler. Hier fließen alle Erkenntnisse über die Jugendcliquen zusammen. Die Polizei ist meist schnell zur Stelle, wenn Kämpfe zwischen rivalisierenden Gangs oder Skinheads und ausländischen Jugendlichen anstehen. Nicht selten ist ihr Auftauchen fest eingeplant: Die Ordnungshüter fungieren als Schiedsrichter.

POLIZEI – INNOVATIVE WEGE DER AUFSTANDSBEKÄMPFUNG

Was passieren kann, wenn die bewaffnete Staatsmacht keine Kenntnisse über die Artikulationsformen der Jugendkulturen hat, demonstrierte – wie wir dargestellt haben – die Leipziger Polizei am 3. November 1990. In Wild-West-Manier wurden Hooligans und Fußballfans beschossen. Leipzigs Polizeisprecher Eisfelder-Mylius: „Was die einzelnen Jugendlichen in der Szene denken, interessiert uns nicht mehr, wir haben lange genug Gesinnungsschnüffelei betrieben." Mag eine solche Trotzhaltung aus den Erfahrungen der jüngsten DDR-Vergangenheit auch verständlich sein, zur Deeskalation trägt sie wenig bei. Anders die Herangehensweise der „AG Gruppengewalt" in Berlin. Ihrem Selbstverständnis entspricht es, die Drohung mit der Staatsmacht als letzte Möglichkeit des Eingreifens zu betrachten. Die Arbeitsgruppe sucht den Dialog und die Zusammenarbeit mit Jugendlichen, SozialarbeiterInnen, LehrerInnnen und Eltern. Denn trotz der Forderung konservativer Kräfte nach polizeilicher Aufrüstung sind sich die helleren Köpfe im Polizeiapparat ihrer Grenzen durchaus bewusst. Kriminalhauptkommissar Wolfgang Gerke, Mitarbeiter der Berliner „AG Gruppengewalt", setzt auf Abrüstung: „Ein Mehr an Polizei wird das Problem nicht in den Griff bekommen. Die einzige Chance sehe ich darin, dass die Bevölkerung in breiten Teilen zu dem Konsens kommt, dass Gewalt kein Mittel der Auseinandersetzung ist. Gewalt ist ein erlerntes Verhalten, das in den Familien weitergegeben wird. In türkischen Familien ist Gewalt als Erziehungsmittel weitgehend anerkannt. Bei uns ist es auch nicht viel anders. Gewalt in der Familie und sexueller Missbrauch sind nach wie vor Tabuthemen. Wir brauchen nicht mehr Polizei, sondern einen breiten Diskurs über die gesellschaftlichen Ursachen der Gewalt."

Der Disput gerät allerdings schnell an seine Grenzen, wenn er die Gesellschaft oder gar das Gewaltmonopol des Staates selbst in Frage stellt. Denn da wirkt auch in den Köpfen progressiver Staatsdiener die Schere. Gewalt geht immer nur vom Bürger aus. Gewaltanwendung als ein Akt von Notwehr darf es nach ihrem Selbstverständnis nicht geben. Denn das System hat zwar Fehler, ist aber keiner. Bei vielen Jugendlichen hinterlässt die Gesprächsfreudigkeit der Sondereinheiten der Berliner Polizei zudem ein schales Gefühl „sanfter Überwachung". Kaum ein Winkel in der Stadt, den das sozialpädagogisch geschärfte Argusauge eines dynamisch-jugendlichen Polizisten nicht überwacht.

Gerkes britischer Kollege Richard Wells, Deputy Assistant Commissioner bei der Metropolitan Police von Nord-West-London, sieht ebenfalls die Gefahr, dass die Polizei bei den Auseinandersetzungen der Jugendgangs und -cliquen an der Gewaltspirale mitdreht. „Die Polizei ist in dieser Gesellschaft ja ein soziales Kontrollorgan. Wenn diese Kontrolle als repressiv empfunden wird und nicht mehr als Dienstleistung, dann trägt diese Empfindung sicher zur Eskalation bei. Gelegentlich läuft die Polizei sogar richtig Gefahr, ein Katalysator zu sein."

Vor allem Fußballstadien gehören zu den Lieblingsspielplätzen randalewilliger Staatsdiener. Da werden angereiste Gastfans schon vor dem Spiel zum Stadion eskortiert und anschließend von uniformierten Jockeys wie Schlachtvieh zurückgetrieben. Da wird eine abgeschossene Leuchtrakete als Vorwand genutzt, den Fanblock zu stürmen. Hooligans werden „präventiv" verprügelt oder mit gezielten Sprüchen „heiß gemacht". Die Äußerungen vieler junger Polizisten gegenüber Fußballfans sind alles andere als druckreif. Da gibt es schließlich die zahlreichen kleinen Schikanen, denen die Jugendlichen nach der Festnahme im Gefangenentransporter, auf der Wache oder in der Zelle ausgesetzt sind. Ein gezielter Schlag in die Nieren, ein Tritt zwischen die Beine bis hin zu Arm- und Beinbrüchen vermitteln bleibende Eindrücke. Die zu Opfern gewordenen Täter haben selten Zeugen. Wer Anzeige erstattet, riskiert seinerseits wegen „Widerstandes gegen die Staatsgewalt" angezeigt zu werden. Die Kameradschaftsmentalität auf deutschen Polizeidienststellen schließt Falschaussagen bis zum Meineid ein. Gepaart mit den Vorgaben repressiver Law-&-Order-Politik ergibt die Lust auf Randale, die Polizeibeamten keineswegs fremd ist, eine mitunter explosive Mischung. Wer die daraus resultierende Staatsbürgerkunde einmal am eigenen Leib erfahren hat, lässt sein Gandhi-T-Shirt beim nächsten Mal im Schrank.

DER GLÄSERNE JUGENDLICHE

Politisch brisanter als die alltäglichen Kompetenzüberschreitungen sind Tendenzen, den „gläsernen Jugendlichen" zu schaffen. Gewinnt eine Jugendbewegung an Bedeutung, ist der Schritt zur systematischen Observation häufig schon getan. Die Namen der Archive, in denen die Fahndungsergebnisse aufbewahrt werden, ändern sich: „Rockerkartei", „Hausbesetzerkartei", „Skinheadkartei", „Arbeitsgruppe Jugendspezifische Gruppenkriminalität", „Fachkommissariat Straftaten junger Gewalttäter" usw. Die Ziele bleiben dennoch dieselben: Jugendliche Autonomiebestrebungen sollen systematischer Kontrolle unterworfen werden.

Über die Arbeitsweise der fünf Ermittlungsgruppen in Berlin gibt ein Bericht der Senatsinnenverwaltung vom 27. Juni 1990 Auskunft: „Die örtlich zuständigen ‚Ermittlungsgruppen Jugendgruppengewalt' nutzen insbesondere die räumliche Nähe zu erkannten Treffpunkten der Jugendlichen, verfügen über gute Kenntnisse hinsichtlich der polizeilich relevanten Personen und sind aufgrund ihrer Nähe zu den örtlich angebundenen operativen Kräften (Fahndungsgruppen, Einsatz- und Ausbildungstrupps) in der Lage, schnell und angemessen zu reagieren." In Frankfurt legte das für Straßenraub und Jugendkriminalität zuständige Kommissariat 14 eine Lichtbildkartei an. Frankfurts Polizeisprecher Karl-Heinz Reinstädt findet daran nichts Verwerfliches. „Es ist nach der Strafprozessordnung und dem Polizeigesetz gerechtfertigt, Jugendliche, die ‚auf frischer Tat ertappt' werden, bei der Personalienfeststellung abzulichten." Fotos, so dagegen die Auskunft des hessischen Datenschutzbeauftragten, der die Kartei überprüfte, dürfen vor Ort nur gemacht werden, wenn die Jugendlichen damit einverstanden sind.

Auch in Berlin existieren Lichtbildkarteien mit den Fotos „potentieller Gewalttäter", die Opfern zur Identifizierung vorgelegt werden. Bei ihren Ermittlungsarbeiten greift die Polizei gerne einmal auf zweifelhafte Methoden zurück. Der Bericht eines Polizeibeamten: „Nachdem wir in unserem Abschnitt immer wieder Schwierigkeiten mit einer Gang hatten, passten wir den Moment ab, an dem sich die Gruppe auf einem Bolzplatz traf. Wir umstellten den Platz, nahmen die Jugendlichen vorübergehend fest und fotografierten sie mit Polaroid. Die Methode hat sich bewährt, die Jugendlichen zeigten sich verunsichert und haben ihre Bande aufgelöst." Offiziell werden solche Verfahrensweisen abgestritten, von den Jugendlichen allerdings immer wieder bestätigt. Übrigens erwies sich die Methode in Wahrheit nicht als wirksam. Unter anderen Namen schlossen sich die Jugendlichen zu neuen Gangs zusammen.

In Westberlin ist heute bereits jeder 20. männliche, türkische und jugoslawische Jugendliche zwischen 14 und 20 Jahren mit personenbezogenen Daten in Polizeicomputern abgespeichert. Bei den deutschen Jugendlichen ist es nur jeder 150ste. Allein 1990 erfasste die zentrale Datei der „AG Gruppengewalt" in Berlin mehr als 1.500 Jugendliche mit personenbezogenen Daten. Etwa 1.000 sind türkischer oder jugoslawischer Herkunft. Aber nur 150 von ihnen lassen sich eindeutig einer Streetgang zuordnen. Bei den restlichen 850 genügte der bloße Verdacht eines Einsatzkommandos, das bei schwarzen Haaren und HipHop-Outfit kriminelle Gang assoziierte und die Jugendlichen je nach Bedarf mit Polaroidfoto, Personalien und Fingerabdrücken erfasste. Bei den deutschen Jugendlichen greift ein anderes Polizeiverhalten: Von den knapp 500 registrierten teutonischen Jungs gehören 300 bekannten Gangs an.

Rassismus pur. Innerhalb eines Jahres haben sich die Datei der „AG Gruppengewalt" und die dezentralen Ermittlungsgruppen zu Institutionen einer flächendeckenden Überwachung und systematischen Kriminalisierung ausländischer Jugendlicher entwickelt. Spätestens seit dem 20. April 1990, als sich spontan mehr als 700 überwiegend türkische Jugendliche aus Streetgangs, Cliquen und Antifa-Gruppen mit der Absicht zusammenschlossen, die zu Ehren Adolf Hitlers randalierenden Neonazis und Hooligans vom Alexanderplatz zu vertreiben, fürchtet Berlins politisches Establishment das erwachende Widerstandspotential ausländischer Jugendlicher. Sie wissen genau, dass sich die punktuelle Zusammenarbeit zwischen Streetgangs, demokratischer, antifaschistischer und desorientierter Immigrantenjugend zum Flächenbrand ausweiten kann. Seit diesem Zeitpunkt entwickeln die „Gesprächsbullen", wie sie mittlerweile von den Jugendlichen liebevoll genannt werden, unkonventionelle Methoden, um ihre Sammlung zu komplettieren. Als im Januar 1991 ein türkisches Gangmitglied mit rechten Skins und Polizisten der „AG Vorbeugung" im Berliner Radio Dt 64 diskutierte, zückte ein Beamter plötzlich seine Polaroidkamera, um ein Bild „für mein privates Album" festzuhalten.

Sowohl in Frankfurt als auch in Berlin rief der Erfassungswahn die Datenschützer auf den Plan. Vor allem für ausländische Jugendliche sind die Dateien eine brisante Angelegenheit. In Verbindung mit dem neuen Ausländergesetz kann die Sammelleidenschaft der Beamten verheerende Folgen haben. Nach § 76, Absatz 5 sind Behörden wie die Polizei nämlich zur Übermittlung personenbezogener Daten an die Ausländerbehörde verpflichtet. Dieses Material kann bei der Entscheidung über die Verfestigung des Aufenthaltsrechtes oder für eine Ausweisung herangezogen werden. Inoffiziell werden derartige Praktiken bereits angewandt. Als das Gang-Mitglied Kerim einen Antrag auf Einbürgerung stellte, legte ihm der Sachbearbeiter die Reportage einer Illustrierten über seine Gang vor. Anschließend verlangte der Beamte noch Informationen über das Innenleben der Gruppe. Yasar, der keiner Gang angehört, aber im gefährlichen Alter von 17 Jahren und dazu noch Türke ist, wurde die Aufenthaltsberechtigung verweigert. Man verdächtigte ihn, einem Mitschüler die Baseballjacke abgezogen zu haben. Zwar konnte später ein deutscher Klassenkamerad der Tat überführt werden, doch für die Ausländerbehörde war die „Aktenlage" maßgeblich. Mit der Berliner Datei lässt sich der Kampf der Jugendlichen um Bürgerrechte und soziale Gleichstellung niederschlagen. Das Ausländergesetz bietet dafür die gesetzlichen Grundlagen, die Datei das nötige Informationsmaterial. So kann nach § 45 Abs. 1 ausgewiesen werden, wer „die freiheitliche demokratische Grundordnung oder die Sicherheit der Bundesrepublik Deutschland gefährdet oder sich bei der Verfolgung politischer Ziele an Gewalttätigkeiten beteiligt oder öffentlich zur Gewaltanwendung aufruft oder mit Gewaltanwendung droht." Bei „schwerwiegenden Gründen der öffentlichen Sicherheit und Ordnung" können nach § 48 auch Ausländer ausgewiesen werden, die eine „unbefristete Aufenthaltserlaubnis besitzen und im Bundesgebiet geboren sind oder als Minderjährige in das Bundesgebiet eingereist sind". Die Möglichkeiten zur Internierung Jugendlicher in ihnen unbekannte „homelands" bestehen. Es ist der Anfang einer Apartheidspolitik, wenn Jugendliche, die in der Bundesrepublik geboren und aufgewachsen sind, in die Türkei oder in den Libanon abgeschoben werden, nur weil dies die Herkunftsländer ihrer Pässe sind. An der Herstellung des gesellschaftlichen Konsens' für derartige „Umsiedlungsaktionen" wird kräftig gearbeitet.

Die „AG Gruppengewalt" schätzt das Potential gewaltbereiter Jugendlicher allein in Westberlin auf 4.000. Wolfgang Gerke: „Um aus einer Studie des Bielefelder Pädagogen Heitmeyer zu zitieren: Jeder fünfte Jugendliche zwischen 16 und 18 akzeptiert Gewalt als Problemlösungsmittel. Das bereitet mir mehr Sorgen als das, was augenblicklich da ist. Das Potential, das im wahrsten Sinne des Wortes Gewehr bei Fuß dasteht und bereit ist mitzumischen. Die potentiellen Opfer, die sich zunehmend bewaffnen zwecks Selbstverteidigung. Von der Selbstverteidigung zur Selbstjustiz ist es nur ein kleiner Schritt." Die Jugend, ein innenpolitisches Sicherheitsrisiko!

DAS ENDE DER POLITIK

Am 2. Dezember 1989 beendete eine exklusiv besetzte Kommission ihre fast zweijährige Arbeit mit der Vorlage eines zweieinhalbtausend Seiten dicken Gutachtens „zur Verhinderung und Bekämpfung von Gewalt". Die Einsetzung dieser „Gewaltkommission" ging auf ein Koalitionsabkommen zwischen Unionsparteien und Freidemokraten vom März 1987 zurück. Interessant ist die Zusammensetzung dieser „Unabhängigen Regierungskommission": Von den 36 Mitgliedern waren zwei Drittel Strafrechtler, Justiz- und Ministerialbeamte bzw. leitende Mitarbeiter des bundesdeutschen Polizeiapparates wie der (inzwischen freiberuflich tätige) Münchener Polizeipsychologe Salewski, bekannt durch sein „Jägermeister"-Gutachten zur Stadiongewalt, der Stuttgarter Landespolizeipräsident Stümper und sein Frankfurter Kollege Gemmer. Nur drei Soziologen und Politologen, freilich kein einziger Pädagoge gehörten der Kommission an. Dennoch unterbreitete sie Dutzende von pädagogischen Vorschlägen. Nebenbei bemerkt waren von 46 angehörten Experten 28 Polizeipraktiker.

Dementsprechend definierte die Kommission auch ihre Aufgabe. Gewalt wurde ausschließlich „aus der Sicht des staatlichen Gewaltmonopols bestimmt", „strukturelle Gewalt, unter der nach Galtung die Verhinderung optimaler menschlicher Entfaltung zu verstehen ist, ausgeklammert." Der Frankfurter Sozialphilosoph Jürgen Habermas fasste seine ersten Eindrücke bei der Lektüre des Gutachtens so zusammen: „Damit sollte die wissenschaftliche Untersuchung von Gewaltphänomenen auf die Bürgerkriegsperspektive eines Staates eingestellt werden, der so tut, als sei er in Auseinandersetzungen mit einem inneren Feind verwickelt. Da der Terrorismus ausdrücklich ausgeklammert wird, fragt man sich, welcher innere Feind denn suggeriert werden soll."

Zunächst wirkt das Gewaltgutachten wie ein theorie- und ziellos zusammengewürfeltes, chaotisches Sammelsurium progressiver und reaktionärer, praktikabler und wahnwitziger Ideen, wie die Ausgeburt eines wilden Brainstormings von Amateurpädagogen, -soziologen und Möchtegern-Journalisten. Trennt man den blumig-unverbindlichen Rahmentext von den vorgeschlagenen gesetzlichen oder administrativen Maßnahmen, die inzwischen bereits in konkrete Entwürfe umgesetzt werden, stellt man allerdings fest, dass das Gutachten nichts Geringeres einleitet als eine Großoffensive zur umfassenden inneren Aufrüstung: „Kontinuierliche Präsenz" von Polizei in „Problemgebieten, die überwiegend von Ausländern bewohnt werden" (Vorschlag Nr. 57); keine Duldung „rechtsfreier" Räume: „Beim Umgang mit illegalen Hausbesetzungen gibt es zunächst nur einen Weg: sofortige Räumung" (Vorschlag Nr. 82); „Intensivierung des Einsatzes von V-Leuten und verdeckten Ermittlern" (Vorschlag Nr. 98); präventive „Ingewahrsamnahme potentieller Gewalttäter" bis zu vier Tagen, „kurzfristige stationäre Einschließung nach Auflösung einer Versammlung, um Ausschreitungen durch Kleingruppen zu verhindern" (Vorschlag Nr. 99); „Absenken der Erfassungsschwelle auf Personen, bei denen ein konkreter Verdacht besteht, dass sie sich überregional oder steuernd an Krawallen beteiligen" (Vorschlag Nr. 101); „Schaffung einer ausdrücklichen, praktikablen Rechtsgrundlage für die Anordnung und Durchführung der Rasterfahndung" (Vorschlag Nr. 136) ...

Wer derart rigide Maßnahmen für nötig hält, sollte auch in der Lage sein, ihre Notwendigkeit zu begründen. Nicht so die „unabhängige" Regierungskommission. Im Gegenteil: „Seit 1982 ist ein leichter Rückgang [der „Gewaltkriminalität"] festzustellen." ... „Gemessen an der Gesamtzahl registrierter Demonstrationen ist der Anteil der unfriedlich verlaufenen gesunken." ... „Für den von den Medien behaupteten generellen Gewaltanstieg im Schulbereich gibt es keine empirischen Belege." Zu „gewalttätigen Zusammenrottungen, Haus- und Geländebesetzungen" und „Gewalt im Stadion" sind keine „näheren Angaben zum Ausmaß der Gewalt möglich" ... Fazit: „Für die Bundesrepublik Deutschland (ist) eine Entwicklung zu größerer politischer Gewaltbereitschaft nicht auszumachen."

Falsch! Eine andere Einschätzung liefert Horst-Eberhard Richter: „Viele Jugendliche und auch in zunehmendem Maße Ältere können weder verdrängen noch sich von realistischer Zukunftsangst und daraus folgender Erbitterung hinreichend entlasten. Sie fühlen sich hilflos gegenüber der allmächtigen Fortschrittstechnokratie mit ihren Risiken und gegenüber den Autoritäten, von denen sie sich als Spinner oder Störenfriede abqualifiziert erleben. So verbleiben sie momentan noch in gehorsamer Anpassung. Aber dass hier ein unter Umständen gewaltträchtiges Protestpotential heranreift, ist kaum zu übersehen. Die jugendlichen 74 Prozent, die heute bereits die definitive Umweltzerstörung voraussehen, werden durch immer neue Chemiekatastrophen, Atomunfälle, Giftmüllskandale, Artentod, Waldsterben, Treibhauseffekte, Luft- und Wasserverschlechterung, Zunahme von Umweltkrankheiten usw. beunruhigt werden. Wie lange sie unter dem Druck offizieller Beschwichtigungs- und Einschüchterungskampagnen stillhalten werden, ist fraglich."

Doch solche Zusammenhänge waren für die Kommission tabu. Der Hamburger Kriminologe Fritz Sack: „Geradezu von Berührungsangst scheinen alle ihre Wissenschaftler und wissenschaftlichen Aktivitäten heimgesucht worden zu sein, wenn es darum ging, einschlägige Untersuchungen und vielfältige, der sekundären Auswertung zugängliche Informationsquellen und empirische Materialien für das angestrengte Nachdenken über Ursachen der politisch motivierten Gewalt verfügbar zu machen." Für die Kommission ist Gewalt ein „Bürgerdefekt". „Desperados oder politische Fanatiker, mit deren bizarren Denkweisen eine erfolgversprechende Auseinandersetzung nur schwer möglich ist", bedrohen das „Gewaltmonopol des Staates". Krieg und Atomkraft, Armut und Rassismus – kein Thema. Die Gewalt des Auftraggebers selbst, in Form einzelner Übergriffe von Polizeibeamten oder als staatlich betriebene Gewalt, z. B. gegen Ausländer – kein Thema. Entgegen ihrer eigenen Feststellung, dass die Gewalt in der Familie – mit bis zu 500.000 Kindesmisshandlungen und bis zu vier Millionen Misshandlungen von Ehefrauen pro Jahr – die „verbreitetste Form von Gewalt" ist, wählt die Kommission die „politisch motivierte" und öffentlich sichtbare „Gewalt auf Straßen und Plätzen" zum Schwerpunkt vorzuschlagender Bekämpfungsmaßnahmen. Und das, ohne die Ursachen auch nur ansatzweise zu benennen. Der Staat ist gut, der „Täter" böse. Gewalt ist stets irrational, eine Folge „genetischer und anderer biologischer Prädispositionen".

Nicht die Ursachen berechtigter Existenzangst vieler Jugendlicher sollen beseitigt werden, sondern die öffentliche Diskussion darüber. „Die Heraushebung von sozialen und Umweltkatastrophen und politischen und wirtschaftlichen Skandalen führt bei sensiblen und jungen Menschen zu einer ‚Endzeitstimmung'. Diese Menschen neigen dazu, die Schuld für wirkliche und vermeintliche Missstände bei den früheren Generationen und den gegenwärtigen Machtträgern zu suchen, denen sie kein Vertrauen mehr entgegenbringen." Also wer arbeits- und wohnungslos ist, wird erst sauer, wenn er in der Zeitung liest, dass es schlecht ist, keine Arbeit oder keine Wohnung zu haben. Überdies besitzt er dann auch noch die Unverschämtheit, die Schuld nicht bei sich selbst zu suchen. Nicht zahllose Politskandale der letzten Jahre haben das „Vertrauen" in diesen unseren ... erschüttert, sondern die Berichterstattung darüber.

Schließlich geben die berufenen Gutachter den ungebildeten Journalisten noch kostenlose Nachhilfe: Auf dass des Volkes Wut über kriminelle Randalisten auch richtig kocht und notwendiges Verständnis für verschärfte Maßnahmen wächst, sollen „persönliche Berichte von verletzten Polizeibeamten, geschädigten Kleinhändlern, friedlichen Demonstranten und anderen Tatopfern die Perspektive der Betroffenen veranschaulichen". Damit dies flächendeckend umgesetzt wird, soll eine dauerhaft institutionalisierte Kommission die Medien und Schulbücher zukünftig beobachten und der Bundesregierung fortlaufend „Lageberichte" vorlegen. Orwell lässt grüßen.

LINKE OHNMACHT

Die CDU-Berlin benutzte die multikulturellen Streetgangs zur Rückeroberung der politischen Macht in der Stadt. Gemeinsam mit Springers *BZ* startete der Generalsekretär der CDU, Klaus Landowsky, Mitte 1990 eine Hetzkampagne. Eine tragisch verlaufene Auseinandersetzung zwischen deutschen und türkischen Jugendlichen in der U-Bahn diente dem christdemokratischen Hardliner als willkommener Anlass, seine Vorstellungen von Jugend- und Ausländerpolitik unters Wahlvolk zu bringen. „Das kriminelle Treiben ausländischer Jugendbanden in Berlin, die zunehmend die deutsche Bevölkerung terrorisieren, ist nicht mehr hinnehmbar ... Viele deutsche Jugendliche meiden aus Furcht vor ausländischen Jugendbanden die Innenstadt." Der CDU-Politiker forderte:

- → die Einrichtung einer Sonderkommission (Soko) „Ausländische Jugendbanden".
- → Polizeipräsenz vor den Schulen, Jugendheimen und in der Innenstadt.
- → Schutzpersonal in den U- und S-Bahnen.
- → Die unverzügliche Abschiebung volljähriger, ausländischer Straftäter in ihre Heimatländer. Heranwachsende sollen bei Erreichen der Volljährigkeit und nach Verbüßen ihrer Strafe ebenfalls in ihre Heimatländer geschickt werden.

Die Kampagne des Generalsekretärs hatte durchschlagenden Erfolg. Wenige Wochen später tauchten im Märkischen Viertel die ersten Flugblätter einer Bürgerwehr auf, die zur Jagd auf die multikulturelle Gang Fighters aufriefen. Im folgenden Bundestagswahlkampf bekannte sich die Berliner CDU offen zum Rassismus. Mit Erfolg. Am 2. Dezember 1990 gewann sie nicht nur die ein Jahr zuvor an die Republikaner verlorenen Wähler zurück, sondern erreichte im Westteil der Stadt 49 Prozent der Stimmen.

Möglich wurde die CDU-Offensive gegen die Einwanderer auch durch Unfähigkeiten der rot-grünen Koalition. Weder setzte sie deutliche Zeichen in Richtung auf eine politische, ökonomische und soziale Gleichstellung der EinwanderInnen, noch reagierten SPD und Alternative Liste auf das Problem der multikulturellen Streetgangs. Monatelang verweigerte man den öffentlichen Diskurs über die zum Teil auch gewalttätig und kriminell auftretenden Straßenbanden. Den Scharfmachern wurde einfach das Feld überlassen. Auch die Briefe besorgter Schulleiter blieben ohne Reaktion. Als die ersten Pressemeldungen über Gewalt in Klassenzimmern und auf Pausenhöfen der Schulen erschienen, versuchten sich „fortschrittliche" Politiker in Konfliktabwiegelung. „Jugendbanden gab es schon immer" und „Jugendbanden ausländischer Jugendlicher gibt es nicht, da sind auch Deutsche darunter", ließ Jugendsenatorin Anne Klein verlauten.

Anders als bei den Übergriffen rechter Skinheadbanden in den Jahren 1987-1989, als auch von Linksalternativen Polizeipräsenz in den U-Bahnhöfen der Gropiusstadt gefordert wurde, zeigten sie sich nun verunsichert. Gewalttätige, multikulturelle Straßenbanden waren in den Koalitionsvereinbarungen des rot-grünen Senats nicht vorgesehen, stattdessen: Bekämpfung der neonazistischen und rechtsradikalen Gewaltbereitschaft bei den Jugendlichen. Die tatsächliche Entwicklung und das multikulturelle Alltagsleben in der Stadt widersprachen den Visionen, die von der Alternativen Liste gerne in Gestalt eines ewig währenden, bunten Stadtteilfestes großflächig plakatiert wurde. Die Widersprüche und Konflikte des Miteinanders blieben verdrängt. So fehlt bis zum heutigen Tag z. B. eine breite Diskussion, die sich mit den autoritären, nationalistischen und sexistischen Strukturen in vielen Einwandererfamilien auseinandersetzt. Die Ursachen von Rassismus, Nationalismus und Chauvinismus werden in der Mehrheitsgesellschaft gesucht – in vielen Fällen zu Recht. Allerdings fällt dieser Ansatz nach 35-jähriger Immigration weit hinter den Stand der Entwicklung zurück. In den Einwandererbezirken und -städten gibt es inzwischen ein wechselseitiges Verhältnis des Erschreckens vor dem

Andersartigen, das in Feindseligkeit und Aggression bis hin zu offenem Rassismus umschlagen kann Die Formel: „Ausländer sind die Opfer, Deutsche die Täter" hat sich überlebt.

HILFLOSE PÄDAGOGIK

Von Seiten der Pädagogik fehlt es nicht an geeigneten Vorschlägen. So trafen sich schon frühzeitig Kreuzberger SozialarbeiterInnen, VertreterInnen von Beratungsstellen und Jugendfreizeitheimen mit BezirkspolitikerInnen in einer „AG Jugendgangs". Über die eigentlichen Ursachen der Gewaltbereitschaft waren sich alle einig: Weder in der Familie noch in der Schule oder den Jugendfreizeiteinrichtungen finden die Jugendlichen heute eine umfassende Lebensorientierung. Die Familie der Zwei-Drittel-Gesellschaft ist überlastet, beide Elternteile sind berufstätig und die Jugendlichen sich selbst überlassen. Sie fühlen sich überfordert und haben angesichts der Komplexität ihrer Lebenszusammenhänge nicht mehr das Gefühl, wirklich handlungsfähig zu sein. Die einfachste Möglichkeit zur Orientierung bietet in solch einer Situation der Aufbau von klaren Feindbildern. Der kurze Fight, fünf Minuten Gewalt, verschafft die Anerkennung, die ihnen in Schule, Beruf oder Familie verweigert wird. Langfristige Mühen, beispielsweise für den schulischen Erfolg notwendig, sind in der Gang nicht mehr angesagt. Hier gelten andere Gesetze. Wer die gefährlichste Mutprobe besteht, wer die meisten Überfälle begangen hat, der ist der King.

Große Defizite machen die SozialarbeiterInnen in ihren Arbeitsgebieten, den Stadtteiltreffs und Jugendfreizeiteinrichtungen, aus. Geeignete Räume und Geld, um auf kreative und sportliche Bedürfnisse der Jugendlichen eingehen zu können, fehlen. Als großes Handicap erweist sich außerdem das Haushaltsrecht, das die Einrichtungen zu langfristigen Planungen zwingt, wodurch verhindert wird, spontan geäußerte Wünsche der Jugendlichen aufzugreifen. Mit Brennöfen für Töpferkurse kann bei den Video-Kids, die auf Graffiti und HipHop-Feten stehen, kein Staat mehr gemacht werden.

Auch die Schule versagt, wenn es um die Probleme der Jugendlichen geht. Konflikte und Aggressionen werden zu Verwaltungsakten. Rainer Sauter, Sozialpädagoge in Kreuzberg: „Die Regel ist doch, dass auffällige Jugendliche verwarnt werden oder die Schulverwaltungen sich an die Polizei wenden, um dort in Form des Polizeischutzes nach einer ‚Lösung' zu suchen. Das verschärft den Konflikt und trägt ihn wieder aus der Schule heraus, aus dem Ort, der eigentlich hervorragend geeignet wäre, alle Grundfragen, die die Jugendlichen haben, aufzunehmen."

Tatsächlich verdrängen viele SchulleiterInnen die Realitäten. „Mit unseren Schülern haben wir keine Probleme. Es sind schulfremde Personen, die die Unruhe hier hereintragen." So eine Reaktion, auf die man häufig stößt. Keine Schule möchte in den Geruch kommen, womöglich ein Zentrum jugendlicher Gewalt zu sein. Dass es auch anders geht, demonstrierte ein Geschichtslehrer der Carl-von-Ossietzky-Gesamtschule in Kreuzberg. Nachdem er mitbekommen hatte, dass einige bedrohte Schüler aus Angst vor Überfällen und Erpressungen wochenlang dem Unterricht fernblieben, machte er die Streetgangs zum Unterrichtsthema seiner 8. Klasse. Die SchülerInnen luden VertreterInnen der Presse, der Polizei und der Jugendgerichtshilfe ein, protokollierten die Erlebnisberichte der Opfer und diskutierten die Strukturen der Jugendbanden. Am Ende der lebens- und wirklichkeitsnahen Unterrichtseinheiten verfassten sie eine Broschüre, in der sie die rechtlichen Folgen der Mitgliedschaft in einer Gang aufarbeiteten und Schülern, die Opfer von Gewalt werden könnten, Verhaltenstipps gaben.

Ein schier unlösbares Problem stellt das elementare und berechtigte Bedürfnis der Jugendlichen nach freiem Bewegungsspielraum dar. Da die Städte dem schnellen Warenverkehr angepasst wurden, finden sich nur noch wenige Nischen, die nicht verplant, reglementiert oder kommerzialisiert wären. Welche Räume sollen Jugendliche bei ihren Streifzügen durch die Stadt da noch in „Besitz“ nehmen? Wo haben sie noch Gelegenheit, unkontrolliert mit Erfahrungen eines selbstbestimmten Lebens zu experimentieren? Kein Zweifel besteht daran, dass Hooliganismus und das Phänomen der umherschweifenden Jugendgangs auch Folgen der völlig phantasielosen Städteplanung sind. In die Architektur der letzten Jahrzehnte wurden Kinder und Jugendliche nicht eingeplant – es sei denn als Sicherheitsrisiko. Finden Kids doch einmal einen Treffpunkt, einen Platz, eine Straßenecke, ist der KOB oder Streetworker nicht fern. Deshalb müsste gerade der Offenen Jugendarbeit wieder eine höhere Priorität eingeräumt werden. Aber viele Einrichtungen können aus personellen und finanziellen Gründen den tatsächlichen Interessen der Jugendlichen nicht entgegenkommen. So haben nahezu alle Jugendfreizeitheime in Westberlin ausgerechnet am Wochenende geschlossen. Die Einzigen, die das nicht stört, sind Skinheads. Denn die dürfen auch während der Woche nicht rein.

Auch das Verlangen nach unmittelbarer körperlicher Auseinandersetzung versuchen die SozialarbeiterInnen zu befriedigen. Sie organisieren Wett- und Kampfspiele, in der

Regel Fußballturniere, an denen rivalisierende Jugendcliquen teilnehmen. Für Jugendliche, die ihr Selbstwertgefühl aus Gewalttätigkeiten ziehen, werden soziale Trainingskurse angeboten. Der von sozialpädagogischen Fan-Projekten und anderen ExpertInnen immer wieder gemachte Vorschlag, die Konfrontation der Hooligans nicht durch Polizeiknüppel zu verhindern, sondern ihr behutsam freien Lauf zu lassen und damit die Gegner zu entwaffnen, stößt bei vielen noch auf Ablehnung. Alternative Angebote an die Jugendlichen, ihre Aggressionen in einer sozial gebilligten Form auszuleben, bleiben sie allerdings schuldig.

MEDIEN: ZWISCHEN KRIEGSBERICHTERSTATTUNG UND STIGMATISIERUNG

Zumindest in den Medien haben die Jugendlichen mit ihren Stammesfehden ein Ziel erreicht. Der bedrückenden Anonymität sind sie entronnen. Kein Wunder, dass sich einige der Jugendlichen ganze Alben mit Zeitungsausschnitten angelegt haben, in denen die Heldentaten ihrer Gang und Clique gesammelt werden. Unter den Hooligans existiert sogar ein halbprofessioneller, durchaus schwunghafter Handel mit Randalevideos. Wenn alles getan ist, lehnt man sich vor dem Bildschirm zurück und schwelgt in telegenen Erinnerungen an die letzte Schlacht.

Auf der Suche nach Bildern, die den im Wohnzimmer eingefriedeten Bürger das Gruseln lehren, haben sich rasende ReporterInnen auf den Weg gemacht. Ihre Kameras und Mikrofone tauchen in den Zentren der Gruppenkämpfe auf. Doch die bebilderten Recherchen haben selten etwas mit der Wirklichkeit zu tun. So wurde die Weitlingstraße

122 in Berlin-Lichtenberg monatelang zur Nazihochburg der vereinten Republik hochstilisiert. Die ‚mutigen' Journalisten – unter Gefahr an Leib und Leben hatten sie sich in die Höhle der Neonazis gewagt – nötigten ihrem Publikum Bewunderung und Beifall ab. Assoziative Bildsequenzen und scharfe Schnitte reaktivierten verschüttete Erinnerungen an die deutsche Geschichte. Kaum einer der „Enthüllungsjournalisten" verliert allerdings ein Wort darüber, wie leicht der Zugang zu den Jugendlichen in Wahrheit ist. Über Monate haben die Besetzer die schreibende Zunft Freitag für Freitag um 15 Uhr zum „Tête-à-tête" gebeten. Je nach Höhe des Schecks geben sie „Exklusivinterviews" und posieren für Gruppenfotos, die sie entweder als faschistische Kämpfer, als psychisch gestörte Bettnässer oder einfach als durchgeknallte Jungmänner darstellen.

Bei den Streetgangs ergibt sich ein ähnliches Bild. Voyeurismus und aufgeblasene Panikmache bestimmen die Berichterstattung. Einfachste journalistische Grundregeln werden missachtet. Januar 1990: Ein kleines Team des *Spiegel-TV* fliegt in Berlin ein. Angelockt von Presseberichten über den Bandenkrieg zwischen Black Panthers und 36-Boys leuchten sie Spots der Szenerie aus. Gesucht sind Bilder voller Action. Jugendliche stehen nach der Zusicherung einer Redakteurin, die Gesichter während der Sendung einzuschwärzen, bereitwillig Rede und Antwort. Unbedarft plaudern sie über ihre Gewaltphantasien vor dem Mikrophon. Wenige Tage später präsentiert man sie dem bundesrepublikanischen Publikum ungeschminkt. Wehren kann sich das „Bildmaterial" in den seltensten Fällen. Die Redaktionen und Chefetagen liegen weit weg von der Straße und hoch über dem Kampfgetümmel.

Bekanntlich leben Gazetten wie *Quick* vom „geilen" Foto. Für ein paar tausend Mark sind Jugendliche der Black

Panther bereit, Fotomodell zu spielen. Mit stolz geschwellter Brust führen sie ihre muskelgestählten Körper vor. Unerfahren im Umgang mit der Presse, mit der Phantasie und Interpretationswut der Texter, laufen sie ins offene Messer. Einen der Jugendlichen erwartete die Kündigung, nachdem *Quick* die inszenierte Reportage veröffentlicht hatte. Die Begründung des Arbeitgebers las sich wie folgt: „So ein Schläger hat bei mir nichts zu suchen."

Natürlich will auch die Frauenpresse bedient sein. Deren Problem – Mädchengangs sind Mangelware. So werden die Ghetto Sisters in Kreuzberg zur Quotenbande der Frauenredaktionen und damit zum bundesweiten Medienereignis. Der Mädchenclique wird eine Rolle aufgedrängt, die sie gar nicht erfüllen kann. Szenen-Bonmot: „Die Ghetto Sisters müssen sich am Leben erhalten, damit die Medien nicht mit leeren Händen aus Berlin zurückfliegen." Auch wenn es hier und da eine Schlägerei mit einer rivalisierenden Mädchenclique gegeben hat, Stoff für gruselige Reportagen liefern solche Keilereien nicht. Auch wenn es hier und da eine Schlägerei mit einer rivalisierenden Mädchenclique gegeben hat, Stoff für gruselige Reportagen liefern solche Keilereien nicht. Denn die Mädchenclique macht heute mehr durch Breakdance-Aufführungen auf Gewerkschafts- und Stadtteilfesten von sich reden als durch Straßenkämpfe.

Häufig liefern die Kids den JournalistInnen nur die Folie für eigene Projektionen und Szenarios. Filme wie „Colours", Klassiker wie die „West Side Story" und Reportagen über nordamerikanische Gangs sollen auf die in Wirklichkeit ganz anders gearteten Verhältnisse der Bundesrepublik übertragen werden. Fügen sich die auserkorenen Gangs den mitgebrachten Stereotypen nicht, macht man sie mit Geld gefügig. Damit die Straßenjungs ein paar Pirouetten drehen, die sich sehen lassen können, zahlte ein italienisches Fernsehteam den 36-Boys immerhin 3.000 Mark. Ein Betrag, der die selbst auferlegte Kontaktsperre der Gang gegenüber den Medien schnell aufgeweicht hat.

Diese zweifelhafte Form der Berichterstattung hat dennoch Rückwirkungen auf das Selbstbild und die Gruppenidentität. Mit der Zeit fügen sich die Jugendlichen in die ihnen zugeschriebenen Rollen ein. „Die Jugendlichen geben zwar vor, was sie sein möchten, haben aber kaum ein geschlossenes, rechtes Weltbild. Wenn einer sagt, er sei Nazi, und du möchtest von ihm wissen, was denn ein Nazi sei, dann können sie das nicht sagen. Da die Jugendlichen überhaupt irgendetwas sein wollen, nehmen sie Etikettierungen und Rollen, die ihnen in der Berichterstattung zugewiesen werden, an. Nach ein, zwei Jahren können sie ihre politische Einstellung dann auch begründen." So fasst der Politologe Thomas Mücke seine Beobachtungen im Umgang mit „rechten" Gangs zusammen.

ABBLENDE

„Rassismus ist nicht das Kernproblem der rivalisierenden Banden." – Die eingangs postulierte These möchten wir vorsichtig relativieren. Natürlich ist der Rassismus, wie gezeigt, eine wichtige Antriebsfeder der Kämpfe. Für eine Annäherung an die Motive der AkteurInnen, zur Bestandsaufnahme und Analyse der rivalisierenden Jugendkulturen ist der Begriff jedoch nur bedingt geeignet. Inflationärer Gebrauch, ideologische Überfrachtung – beides Ausdruck für den unterentwickelten Stand der Rassismusforschung in der Bundesrepublik – machen ihn zur stumpfen Worthülse. In der politischen Auseinandersetzung ist der Rassismusvorwurf eine gern und schnell gezückte Waffe, um den Gegner zu diskreditieren. Vielen dient er gleichzeitig als Orientierung in einer komplizierten Welt – der Rassist ist schlecht, der Antirassist ist gut. Rechte Hooligans, Skinheads und Neonazis als rassistisch zu entlarven, ist eine einfache Sache. Die Denkfaulen entledigen sich damit der Aufgabe, intensiver über Ursachen, Entstehungsbedingungen und Wirkungszusammenhänge nachzudenken.

Bewahrheiten sich Prognosen, die dem geeinten Deutschland in naher Zukunft fünf Millionen Arbeitslose und neue Dimensionen der Massenarmut voraussagen, könnten die

Streetfights eine dramatische Entwicklung nehmen. Wird der Rassismus dann für all diejenigen, die sich ja sonst nichts gönnen, „zu einem Vergnügen, das sich jeder leisten kann", wie es Albert Memmi einmal formulierte? „Jeder sucht sich Menschen einer niedrigeren gesellschaftlichen Rangstufe, denen er als strahlender Herrscher entgegentritt. Der Rassismus bietet für jeden eine passende Lösung: Es genügt, jemanden zu finden, der noch kleiner, noch ein wenig mehr unterdrückt ist, ein geeignetes Opfer also, auf das man seine Verachtung und seine Anklage richten kann." Noch haben die rassistischen Einfärbungen der Streetgangs eher sozialpsychologische als handfeste ökonomische Wurzeln und könnten abgemildert, umgeleitet oder sogar gestoppt werden.

Kommt der alltägliche Bürgerkrieg? Die Jugendgangs sind just zu einem Zeitpunkt ins Rampenlicht der Öffentlichkeit getreten, als die Gesellschaft sich anschickte, den neu gewonnenen Frieden zwischen den Generationen zu feiern. Die Integration der renitenten „81er" war geglückt und abgeschlossen. Ihre radikalen Utopien, die fundamentale Kritik des industriell-technologischen Komplexes und die Infragestellung tradierten Rollenverhaltens wurden mit der Legalisierung besetzter Häuser und der staatlichen Alimentierung von Alternativprojekten neutralisiert. Die Generation befindet sich auf dem langen Marsch durch die Institutionen der Marktwirtschaft. Für wenige Jahre gehörte den Youngstern der „Wende-Jugend" die Zukunft und das öffentliche Interesse. Yuppienachwuchs und Computerkids verzichteten auf Gesellschaftskritik. Mit ihrer demonstrativen Leistungsbereitschaft und Konsumfreudigkeit fanden sie den ungetrübten Beifall der Väter und Mütter. Das Ende der Ideologien war eingeläutet. Kein Ersatz für das diskreditierte

„Modell Sozialismus“ war und ist in Sicht. Zielstrebig, befreit von weltanschaulichen Skrupeln, steuern sie gut dotierte und mit Macht ausgestattete Elitejobs an.

Die Kids aus den Gangs weichen von diesem Mainstream keineswegs ab. Mit gewaltsamen Mitteln streben sie nach den gleichen Grundwerten wie die etablierte Gesellschaft – Geld, Erfolg und Ansehen. Eigentlich wäre es eine leicht zu handhabende Jugend, die sich da in den Streetgangs sammelt. Mit Ausnahme der Autonomen, Antifas und Redskins muss sie nicht lange von der „sozialen Marktwirtschaft“ überzeugt werden – denn die Kids klagen deren Vorteile ja gerade ein. Frisch und fröhlich führen sie so die inneren Widersprüche und Bruchstellen unseres Gemeinwesens vor, das nur auf der Basis rechtlicher Ungleichheiten und sozialer Marginalisierung funktionieren kann. Immerhin hat sich die Zahl der SozialhilfeempfängerInnen in den letzten zehn Jahren infolge der Verlagerung des Verteilungskampfes zugunsten der Unternehmer von zwei auf knapp vier Millionen erhöht. Der Konsumismus als die verbindende Klammer einer in unüberschaubar viele Milieus ausdifferenzierten Bundesrepublik verliert an Integrationskraft. Es sind beileibe nicht mehr nur die gesellschaftlichen Ränder, die sich „draußen vor der Tür“ wiederfinden. In den fünf neuen Bundesländern droht einer ganzen Gesellschaft das Leben auf dem Sozialhilfeniveau.

Der Aufstand der späten 80er und frühen 90er Jahre vollzieht sich langsam und schleichend. Den Jugendgangs fehlt es an einer gemeinsamen Sprache, an Visionen und Zielen. Ihre Aktionsfelder sind lokal verankert und erstrecken sich auf das eigene Milieu. Für die Politik ein umgänglicher und berechenbarer Gegner. Herausgefordert wird die Staatsräson allenfalls, wenn der kleinste gemeinsame Nenner – die Gewalt – wieder einmal unkontrolliert explodiert.

Eine Generation wächst heran, unfähig, politische Interessen zu artikulieren. Wie sollte sie auch? Ayse, die in der Türkei zwangsverheiratete Ghetto Sister, und der preußisch-protestantisch-sozialistisch erzogene Nazi-Skin Olli haben keine geringe kulturelle Leistung zu vollbringen. Sie müssten die von ihnen gesprochenen „Dialekte" in eine neue, gemeinsame Sprache transformieren. Gelingt diese Übersetzung nicht, dann bleibt auch weiterhin nur das Erschrecken vor dem Andersartigen und Fremden. Vom Erschrecken zur Feindseligkeit und von der Feindseligkeit zur Aggression ist es ein kleiner Schritt ...

LITERATUR

Schwind/Baumann u. a. (Hrsg.): Ursachen, Prävention und Kontrolle von Gewalt; vier Bände; Duncker & Humblot, Berlin 1990. — Der Bericht der „Unabhängigen Regierungskommission zur Verhinderung und Bekämpfung von Gewalt (Gewaltkommission)“.

Peter-Alexis Albrecht/Otto Backes (Hrsg.): Verdeckte Gewalt. Plädoyers für eine „Innere Abrüstung“; Suhrkamp, Frankfurt 1990. — Expertinnen analysieren und kommentieren das Gutachten der „Gewaltkommission“ und deren Grundlagen. Mit Beiträgen von Wolf-Dieter Narr, Hans-Peter Dürr, Horst-Eberhard Richter, Hakki Keskin, Fritz Sack, Wilhelm Heitmeyer, Jürgen Habermas u. a.

Bock/Reimitz/Richter/Thiel/Wirth: Zwischen Resignation und Gewalt. Jugendprotest in den achtziger Jahren; Leske + Budrich, Opladen 1989. — Untersuchungsergebnisse einer fünfjährigen Forschungsarbeit (1982-1987) unter Hausbesetzern, Punks, Alternativen, friedensbewegten Christen, Skinheads und Autonomen.

Dieter Baacke: Jugend und Jugendkulturen. Darstellung und Deutung; Juventa, Weinheim und München 1987.

— Baackes Fortsetzung und Überarbeitung seines '72er Standardwerkes „Jugend und Subkultur".
Diedrich Diederichsen/Dick Hebdige/Olaph-Dante Marx: Schocker. Stile und Moden der Subkultur; Rowohlt Taschenbuch, Reinbek 1983. — Teds, Mods, Skinheads und Punks vor allem in Großbritannien.
Thomas Mücke: Rechtsextreme Orientierungen bei Jugendlichen. Grenzen und Möglichkeiten der Jugendarbeit. Diplomarbeit im Fachbereich Erziehungswissenschaften/Schwerpunkt Sozialpädagogik der Technischen Universität Berlin, 1990.
Frank Schumann: Glatzen am Alex. Rechtsextremismus in der DDR; Edition Fischerinsel, Berlin 1990. — Ursachen, Ausprägung und Verdrängung des DDR-spezifischen Rechtsextremismus vor und nach der Wende/öffentlicher Umgang mit der rechten Skinheadszene am Beispiel der Berichterstattung des FDJ-Organs *Junge Welt* über Prozesse gegen kurzhaarige „Rowdys" und der anschließenden Leserbriefdiskussion.
Gunter A. Pilz/Klaus Sengebusch: Hooligans und Skinheads. Die neuen Rechtsaußen der Nation?; in: Gerhard Paul (Hrsg.): Hitlers Schatten verblasst. Die Normalisierung des Rechtsextremismus; J. H. W. Dietz Nachf., Bonn 1989.
Manfred Stock/Philipp Mühlberg: Die Szene von innen. Skinheads, Grufties, Heavy Metals, Punks; LinksDruck, Berlin 1990. — Eine (sozialwissenschaftliche) Bestandsaufnahme der Jugendkulturen in der DDR Ende der achtziger Jahre. Im Mittelpunkt stehen ausführliche Interviews mit Jugendlichen.
Markus Eberwein/Josef Drexler: Skinheads in Deutschland. Interviews; Selbstverlag, Hannover 1987.

Thomas Gehrmann: Fußballrandale. Hooligans in Deutschland; Klartext, Essen 1990.
Klaus Farin/Jürgen Stark: Das Fußball-Lesebuch; Rowohlt Taschenbuch, Reinbek 1990.
Geronimo: Feuer und Flamme. Zur Geschichte und Gegenwart der Autonomen; Edition ID Archiv im IISG, Amsterdam 1990. — Die erste fundierte Darstellung der linksradikalen Bewegung seit '68: Spontis, K-Sekten, Anti-AKW-Bewegung, Häuserkampf, Startbahn West, IWF-Kampagne, Hafenstraße, Kreuzberg ... Grundtendenz: kritisch-solidarisch ohne Ausblendung der Idiotien und Bruchstellen der Szene.
Skintonic. — Das etwa vierteljährlich erscheinende Magazin der S.H.A.R.P.-Skins enthält neben Musikbeiträgen und Szeneklatsch stets auch politische Hintergrundberichte.
Antifaschistisches Info, Gneisenaustraße 2a, 10967 Berlin. — Magazin der autonomen Antifa. Auch lokale Kontaktadressen und andere Infos sind über die Anschrift erhältlich.
Arthur Miller: Zeitkurven. Ein Leben; Fischer, Frankfurt am Main 1989. — Eine tiefe Auseinandersetzung mit dem kulturellen und politischen Leben in den Vereinigten Staaten.
Maria Steinmetz: Simsekler. Zur Entstehung und Entwicklung ausländischer Jugendbanden; TUB-Dokumentation, Weiterbildung Heft 15, Berlin 1987. — Analysiert wird eine Kreuzberger Jugendgang aus den frühen achtziger Jahren. Die Autorin, Lehrerin an einer Kreuzberger Gesamtschule, beschreibt Entstehungsgeschichte, Struktur, Freizeitaktivitäten und das Ende der Gang.
Jugend und Rechtsextremismus in Berlin-Ost. Fakten und Gegenstrategien; Berlin 1990. — Die Aufsatzsammlung

geht den spezifischen Ursachen und Bedingungen rechtsextremistischer Dispositionen bei DDR-Jugendlichen nach. Der Rechtsradikalismus, wie er sich vor allem bei Fußballfans und Skinheadgruppen äußert, kann, so der Tenor der Broschüre, nicht mehr mit den klassischen Mitteln antifaschistischer Bündnisse und Bildungsarbeit begegnet werden. Neue Konzepte sind zu entwickeln.

Ertekin Özcan: Türkische Immigrantenorganisationen in der Bundesrepublik; Hitit, Berlin 1989. — Darstellung des Einwanderungsprozesses und der Entwicklung politischer Organisationen und politischer Orientierungen unter türkischen Arbeitsimmigranten in der Bundesrepublik Deutschland.

Bruno Bettelheim: Erziehung zum Überleben. Zur Psychologie der Extremsituation; dtv, Frankfurt am Main 1982. — Anregung für unser Buch gaben vor allem die Essays „Gewalt – eine gern verleugnete Verhaltensweise“ und „Geistige Gesundheit und Städteplanung“.

Albert Memmi: Rassismus; Athenäum, Frankfurt am Main 1987. — Anhand vieler Einzelstudien aus Geschichte und Gegenwart analysiert Memmi das ganze Spektrum des Rassismus: dem biologistisch argumentierenden, dem Antisemitismus, dem auf Rassismus gründenden Kolonialismus und einem auch hierzulande zunehmend anzutreffenden diffusen Fremdenhass.

DANKSAGUNG

Wir bedanken uns für Anregungen, Gespräche, Kontakte und Material ganz besonders bei Andrea Böhm, Dieter Both, Thomas Draxler, Martin Feller, Thomas Mücke, Ingeborg Schmidt sowie allen GesprächspartnerInnen, denen Sie im Verlaufe dieses Buches begegnet sind.

„NUR IN STÄMMEN WERDEN WIR ÜBERLEBEN!"

DER VERTEILUNGSKAMPF GEHT WEITER (1991 BIS 2011)

Von 1988 bis 1991 reisten wir für unsere Reportage „Krieg in den Städten" kreuz und quer durch das Land. Erst durch den Westen, dann, nach dem Fall der Mauer, auch durch den Osten der Republik. Wir suchten die Jugendlichen an ihren Treffpunkten auf – an Bahnhöfen, in Jugendzentren, in Parks und in Klubs, an Straßenecken, in Musikkellern, Discotheken und in Fußballstadien. Wir begleiteten sie bei ihren illegalen und legalen Aktionen, bei Straßenkämpfen und bei der Flucht vor der Polizei. Wir besuchten sie zu Hause, im Knast, wir begleiteten sie vor Gericht oder einfach nur bei einem langen Spaziergang.

Uns war bewusst, dass wir Zeugen einer Zeitenwende waren. Ende der achtziger Jahre hatte der Neoliberalismus gesiegt. In den USA und Großbritannien ohnehin und nun auch in Deutschland. Die Gewerkschaften und die Sozialdemokratie verloren an Bedeutung. Traditionelle Arbeitermilieus lösten sich auf und 1985 auch die Band *Ton Steine*

„Eine Art positiver Rassismus“

Sind Sozialpädagogen, Lehrer und linke Politiker mitverantwortlich für rechte Straßengewalt?

Zu den Ursachen rechtsradikaler Militanz zählen die „Hilflosigkeit“ vieler Pädagogen und der brachiale „Antirassismus“ deutscher Linker – provozierende Thesen, vertreten von den Berliner Autoren Klaus Farin und Eberhard Seidel-Pielen in einer jetzt im Rotbuch Verlag erschienenen Studie über Jugendgangs**. Auszüge:

Türkische Gang „Fighters“ in Berlin: „Nur ein toter Nazi ist ein guter Nazi“

Stammeskriege erschüttern europäische Metropolen. Ob London, Paris, Frankfurt, Leipzig oder Berlin: Überall bietet sich ein ähnliches Bild. Jugendbanden durchstreifen mit lautem Kriegsgeschrei und martialischem Outfit den Großstadtdschungel. Aufgeschreckte Bürger verlangen nach Polizeischutz und verbarrikadieren sich in ihren Wohnungen. Die Rhythmen, die den multikulturellen Alltag begleiten, sind ihnen zu heiß.

Die schrillsten und radikalsten Partituren werden augenblicklich im welthistorisch gebeutelten Berlin komponiert. Dort liefern sich, beschattet von deutsch-deutschen Vereinigungen, multiethnische Streetgangs Straßenschlachten mit Skinheads, Neonazis und Polizisten.

Rivalisierende Gangs wandeln auf dem Kriegspfad. Sie kämpfen um Ruhm, Ehre und die Kontrolle über ihre Hoheitsgebiete. Mit Fahrradketten, nagelbespickten Baseballschlägern, Butterfly-Messern, Wurfsternen, Leuchtspurgeschossen, Molotowcocktails und asiatischen Kampfhölzern bewaffnet, ziehen sie in die Schlacht. Die Freunde klarer politischer Weltbilder stoßen schnell an Grenzen. Denn die Kämpfe der multikulturellen Streetgangs lassen sich dem Links-Rechts-Schema nicht einfach zuordnen.

Sichergestellte Gang-Waffen*: „Gleich umhauen“

Täglich wechseln Kämpfer die Fronten. Wie ist der 17jährige Mesut einzuschätzen? Erst prügelt der Sohn einer deutschen Mutter und eines türkischen Vaters in einer Skinheadgruppe für Deutschland. Danach schließt er sich einer von türkischen Jugendlichen dominierten Streetgang an – jetzt vertritt er die Meinung: „Nur ein toter Nazi ist ein guter Nazi.“

11 Verfahren wegen Körperverletzung hat Mesut am Laufen. Seine weichen Gesichtszüge und sein unbeholfenes Auftreten passen nicht recht zum Bild des erbarmungslosen Schlägers. 1987 gründete Mesut mit ein paar Freunden die „Fighters“ im Märkischen Viertel. Hier, in der Streetgang, beginnt seine eigentliche Schlägerlaufbahn.

Ständig ist er in Auseinandersetzungen mit echten und vermeintlichen Skinheads und Neonazis verwickelt. „Ich habe einen Auftrag zu erfüllen. Wenn ich einen Nazi sehe, muß ich gleich auf ihn zugehen und ihn umhauen.“ Sein Haß ist grenzenlos.

Seit der Grenzöffnung in Berlin haben Mesut und die „Fighters“ alle Hände voll zu tun. „Jetzt sind wieder mehr Nazis da.“ Aus dem Berliner Industrievorort Hennigsdorf fallen in regelmäßigen Abständen rechte Skinheads im Märkischen Viertel ein und machen mit Leuchtspurmunition Jagd auf Mitglieder der Streetgang. Aber auch die „Fighters“ fackeln nicht lange. Als sie von der Vorherrschaft der Skinheads und Hooligans auf dem Ost-Berliner Alexanderplatz erfuhren, machten sie mobil. „Wir sind öfter rübermarschiert und haben auf dem Alex aufgeräumt.“

Die bevorzugte Behandlung von Aus- und Übersiedlern sowie der Ostdeutschen im Zuge der Wiedervereinigung stößt den in Berlin geborenen ausländischen Jugendlichen sauer auf. Zu keiner

* Aus Frankfurter Schulen.
** Klaus Farin, Eberhard Seidel-Pielen: „Krieg in den Städten. Jugendgangs in Deutschland“. Rotbuch Verlag, Berlin; 157 Seiten; 15 Mark.

6 Seiten im Spiegel 35/1991 vom 26. August 1991 bewirken, dass plötzlich auch Professoren das „unwissenschaftliche Werk“ zur Kenntnis nehmen.

Scherben. Ihr „Macht kaputt, was Euch kaputt macht ..." war fünfzehn Jahre lang der Soundtrack einer rebellischen, aufmüpfigen und anarchistischen Jugendkultur. Mit der Band endete ein Kapitel deutscher Geschichte. Die letzte homogen deutsche Jugendgeneration der Bundesrepublik wurde langsam erwachsen. Für sie, im Schlagschatten des Holocaust sozialisiert, war es keine allzu große Herausforderung, die gemeinsamen Wurzeln und ihre Identität in der deutschen Geschichte, in deutschen Familien und Traditionen zu finden. Das war es, was sie in Ost und West prägte. Und es machte ihnen eine Verständigung bei allen Differenzen im Detail recht leicht.

Anfang der neunziger Jahre interessierte uns vor allem dies: Wie reagieren die Jugendliche auf den demographischen Wandel durch Migration? Auf die Entsolidarisierung und Zumutungen des Neoliberalismus? Auf ihre rechtliche und soziale Ungleichheit? Auf das Verschwinden der DDR, das Entstehen des neuen Deutschland? Auf welche gemeinsame Erzählung, auf welche gemeinsamen Traditionen, auf welche vergleichbaren Familiengeschichten werden sich die in den siebziger Jahren Geborenen einigen? Dieses bunte Mosaik der ethnischen und sozialen Herkunftsmilieus? Um das zu erfahren, hörten wir vor allem zu, was die Jugendlichen zu erzählen hatten.

Nicht immer waren diese Reisen in das Innere Deutschlands ohne Gefahr. Denn Ende der achtziger, Anfang der neunziger Jahre war die Lage brisant. Die Aushandlungsprozesse mündeten häufig in Gewalt. Eine Reaktion auf die Auflösung der DDR und der alten BRD und den Bedeutungsverlust gewerkschaftlicher und sozialdemokratischer Milieus schien

Papa, ADOLF HAT GESAGT...

Fa & Antifa & Türken & Deutsche & notorisch gute Menschen

Wiglaf DROSTE

Dienstag, 17.9.91. Café Kuckucksei in der Kreuzberger Wrangelstraße. Im Hinterzimmer lesen Klaus Farin und Eberhard Seidel-Pielen, zwei Journalisten Anfang dreißig mit einwandfrei tip-top linksdemokratischer Vergangenheit und Gesinnung, aus ihrem Buch ›Krieg in den Städten – Jugendgangs in Deutschland‹. Der kleine Raum ist gesteckt voll, und, eine Seltenheit bei derartigen Veranstaltungen, die meisten der Anwesenden sind tatsächlich die, um die es zwischen den Buchdeckeln geht: Jugendliche Delinquenten, Straßengang-Mitglieder, türkische Antifas, Redskins, und diverse SHARP-Aufnäher (= Skinheads Aganist Racial Prejudice) sind auch zu sehen. Kein auf progressiv getünchter Pfaffe wird seine uninteressante Meinung ins Runde reihern, kein talkshow-kompatibles Lea-Rosh-Geschwätz die Menschheit zum Gähnen rühren, und verhaßten linken Lehrer und Sozialarbeiter sind auch ferngeblieben, obwohl die sich ein paar herbe Lektionen hätten abholen können, denn Farin und Seidel-Pielen weisen den Jugendexperten von Berufs wegen ein ums andere Mal Ahnungslosigkeit, Borniertheit und hilfloses Versagen nach. Die Weigerung der beiden Journalisten, sich in den Enddarm irgendeiner Klientel hineinzuschreiben und -zulesen, wird im Kuckucksei nicht unbedingt honoriert – gerne hätte man sein heroisiertes Selbstbild bestätigt bekommen, statt auf unangenehme Widersprüche gestoßen zu werden: »Schwule sind anormale Menschen. Ich hasse so etwas.« und »Es ist schlecht, wenn zwei Schwule Hand in Hand durch die Straßen laufen und sich vielleicht auch noch abknutschen. Stell dir vor, da kommt eine Mutter mit ihrem kleinen Kind vorbei und sieht das. Wo kommen wir da hin, wenn das jeder macht.« werden *Boyraz* und *Ego*, zwei Angehörige der Weddinger *Black Panther*, zitiert, und das paßt natürlich nicht so gut ins Bild von den grundsympathischen Verfolgten, die sich heldenhaft gegen »faschistischen, rassistischen und sexistischen Terror«, wie das auf Flugis gern heißt, zur Wehr setzen. Schnell ist die Stimmung hitzig, »Schweine«, »Denunzianten« oder »Vor die Fresse, Keule ey!« wird gerufen, letzteres entbehrt nicht einer gewissen Pikanterie: Klaus Farin wurde Anfang August von drei Spandauer Neonazis gezielt angegriffen und krankenhausreif (dreifacher Nasenbeinbruch, Brillenglas ins Auge) geprügelt, die Narben sind gerade verschwunden, aber von solch peinlicher, weil beredter Duplizität will man nichts wissen im Kreuzberger Hinterzimmer, wo man unreflektiert den Helden spielen und raushängen lassen kann und mit einer maximalen Denkfaulheit und Selbstgefälligkeit auftritt, die es ermöglicht, in sich selbst den chronisch und notorisch guten Menschen zu sehen und jeden, der daran auch nur leisen Zweifel hegt, zum Arsch zu machen. Die alte Kreuzberger Faustkeilregel – »Wer als erster Fascho sagt, hat gewonnen« – feiert ein glänzendes Comeback, und in schon rührend glühender Pose legen Deutsche und Türken Hand in Hand ihr Gratisbekenntnis ab: »Ich bin Antifaschist!« dröhnt es – natürlich, sicher, und was bist Du sonst noch? Bzw.: Ist Antifaschismus eigentlich eine Behinderung? Oder, deutsch bis in die Knochen, eine »Identität«? Oder nicht schlicht eine moralische und politische Selbstverständlichkeit, mit der nur der sich in die Brust wirft, der das bitter nötig hat? Und gilt nicht doch, was der Neuss-Schüler und Immer-noch-taz-Redakteur Mathias Bröckers 1988 schrieb: »Kein Faschist ist nur, wer weiß, daß er einer sein könnte«?

Kein Zweifel, kein Gedanke behindert an diesem Abend junge Helden und Märtyrer, deren Kopfinhalt komplett mit »I Herz my Ghetto« beschrieben ist – spätestens ab U-Bahn-Station Hallesches Tor sieht man die harten Jungs regelmäßig weiche Knie kriegen, denn die Welt ist groß und böse, und zu Hause ist es eben doch am schönsten. Da müssen dann auch »Nazis raus!«, auch dies ein Satz für Allgemeinplatzwarte, der die Frage aufwirft: Klar, aber wohin? Ins Baltikum, zu ihresgleichen? Nach Polen, zu Lechz Valuta und seinen Freunden? Oder, netter Gedanke, nackt und unbewaffnet nach Soweto? Was soll man machen mit den Nazis?

»Ayhan did the right thing!« heißt es auf einem Button, der Anfang Oktober in Umlauf kam. Ayhan Öztürk, »ein Proletarier aus Kreuzberg«, wie ein Flugi sich zu bramarbassieren nicht entblödet, hat am 16. 11. 1990 in Notwehr drei Nazis mit dem Messer beharkt – einer von ihnen, der REP René Gruber, blieb tot liegen. Korrekt!, kann man sagen, weniger angenehm ist, daß zum Prozeß von Ayhan Öztürk, der vier Monate in U-Haft saß, besagtes Flugi erscheint, das in hochgradig präpotentem Ton zu einer Demo vor dem Landgericht aufruft, aber nicht einmal den Gerichtssaal nennt, dafür vollmundig von »Brother Ayhan« spricht und von einer »Bewegung«, die »Rassismus und Faschismus an ihren Wurzeln herausreißt«. Sind Rassismus und Faschismus Zähne oder Unkraut? Und wäre es nicht klüger, alles dafür zu tun, daß Ayhan Öztürk nicht in den Knast zurück muß – die Anklage lautet immerhin Totschlag –, statt ihn vorab zu märtyrisieren?

40 Titanic

Wiglaf Droste berichtet in der titanic 11/1991 über eine der damals oft stürmischen Diskussionsveranstaltungen zum Buch.

vielerorts die Devise zu sein: „Nur in Stämmen werden wir überleben!" Mit einem Seitenblick auf die USA schlossen sich die Jugendlichen in den Einwandererviertеln in multikulturellen Gangs zusammen, andere in Neonazi- und Antifa-Gruppen oder einfach nur in Freundschaftscliquen.

Im April 1991 veröffentlichten wir „Krieg in den Städten". Reißerisch, alarmistisch und sensationslüstern sei der Titel, warfen uns vereinzelte Kritiker vor.

Aber die weitere Entwicklung im geeinten Deutschland bestätigte unsere Analyse und erklärt den Erfolg des Buches, das sich schon bald als Standardwerk der Jugendforschung etablierte.

Kaum lag „Krieg in den Städten" in den Buchhandlungen, eskalierte der völkische Terror auf deutschen Straßen. Zur Erinnerung: In Hoyerswerda (September 1991) und Rostock-Lichtenhagen (August 1992) beteiligten sich ganz normale Bürger an Pogromen und ethnischen Vertreibungen. Und in Mölln (November 1992) und Solingen (Mai 1993) wurden türkische Familien im Schlaf von Neonazis verbrannt. Tausende Brandanschläge und gewalttätige rechtsextreme Übergriffe wurden seit 1991 gezählt. Mehr als 150 Menschen wurden dabei getötet.

„Krieg in den Städten" war eine Warnung. Die Reportage zeigt auf, welche Gefahren einer Gesellschaft drohen, in der sich die soziale Spaltung verfestigt. Ein friedfertiges Deutschland, so die Botschaft, wird es in Zukunft nur dann geben, wenn es der heranwachsenden Generation über ethnische, soziale und regionale Grenzen hinweg gelingt, eine gemeinsame Sprache, gemeinsame Visionen und Ziele zu entwickeln.

„Wie wollen wir zusammen leben?“ Von einer Antwort auf diese Frage waren unsere 14-27-jährigen GesprächspartnerInnen zum Zeitpunkt unserer Recherchen noch weit entfernt. Unser Resümee lautete 1991: „Eine Generation wächst heran, unfähig, politische Interessen zu artikulieren. Wie sollte sie auch? Ayse, die in der Türkei verheiratete Ghetto Sister, und der preußisch-protestantisch-sozialistisch erzogene Nazi-Skin Olli haben keine geringe kulturelle Leistung zu vollbringen. Sie müssten die von ihnen gesprochene „Dialekte“ in eine neue, gemeinsame Sprache transformieren. Gelingt diese Übersetzung nicht, dann bleibt auch weiterhin nur das Erschrecken vor dem Andersartigen und Fremden. Vom Erschrecken zur Feindseligkeit und von der Feindseligkeit zur Aggression ist es ein kleiner Schritt ...“ Wie sich diese Feindseligkeiten bis in die Gegenwart hinein weiterentwickelten, dazu kommen wir im Abschnitt „Radikalisierung der Mittelschichten“.

Zum Zeitpunkt des Erscheinens von „Krieg in den Städten“ wussten wir nicht, dass unsere GesprächspartnerInnen einer Generation angehören, die neun Jahre später von den Feuilletons als „Generation Golf“ bezeichnet wurde.

„GENERATION KRIEG IN DEN STÄDTEN“ UND „GENERATION GOLF“

„Generation Golf“, so lautet der Titel des im Jahr 2000 erschienenen Buches von Florian Illies. Illies kommt in seinem Generationenporträt zu einem ganz anderen Befund als wir: „Nach Ansicht des Autors prägen diese Generation eine materiell sorgenfreie Jugend und das vorherrschende System der omnipotenten, aber nicht polarisierenden Volksparteien. Sie agiere daher im Gegensatz zur Vorgängergeneration sehr unpolitisch. Dafür sei sie die erste Generation, die Mode-Orientierung, Hedonismus und Markenbewusstsein zu einem Wert erhebe. Die ‚Generation Golf' möchte auch nicht mit den ökologischen Folgen des Wirtschaftsbooms kämpfen, sie genießt den Wohlstand, den ihre Elterngeneration erarbeitet hat." Das schreibt Wikipedia zu „Generation Golf" (4.10.2011).

„Krieg in den Städten" und „Generation Golf" – zwei Bücher, die die gleiche Generation beschreiben und die unterschiedlicher nicht sein könnten. Hier eine satte, selbstgenügsame (biodeutsche) Mittelschichtjugend, die eine langweilige, ereignislose Jugend zwischen Nutella-Glas, Reihenhaussiedlung und Bildungsreisen verbringt. Und deren Credo ganz offensichtlich lautet: „Ich. Ich. Ich." Dort eine Jugend, der es auf Grund ihrer regionalen, sozialen und ethnischen Herkunft (Ostdeutsche und MigrantInnen) an den Ressourcen der „Generation Golf" fehlt, die um berufliche, soziale und staatsbürgerliche Integration kämpft, gegen Marginalisierung und dauerhafte Verarmung. Ihr Credo: „Passt auf, wir sind auch noch da! Vergesst das nicht!"

In seinem Aufsatz „Papa, was ist eine Revolte?" (*taz* vom 27./28. Januar 2001) stellte der damals 29-jährige Schriftsteller Kolja Mensing eine irritierende These auf: Da es in den 80er und 90er Jahren nur ein zeitgeschichtlich bedeutendes Datum gegeben habe, den 9. November 1989, werden die um 1970 Geborenen, im Gegensatz zu der 68er- und 78er-Generation, dereinst keine aufgeregten politischen Debatten über diese Zeit führen können. Sie seien Repräsentanten der Posthistorie, und das habe, so der Autor, auch für die Generationenerzählung der Zukunft Folgen: „Eine Geschichte gibt es dann nicht mehr, mit seinen Geschichten ist man ganz allein."

So viel Einsamkeit, so viel Geschichts- und Gesichtslosigkeit der „Generation Golf" reizt zum Widerspruch. Nicht nur weil wenige Monate später die Anschläge vom 11. September die These vom Ende der Geschichte pulverisierten. Während sich die „Generation Golf" in den neunziger Jahren in der westdeutschen Provinz zu Tode langweilte, tobte andernorts das Leben, das „Krieg in den Städten" beschreibt.

Die MultiKulti-Generation zum Beispiel entwickelt mit der HipHop-Kultur die spannendste und langlebigste Jugendkultur seit dem Punk. Diese Jugendkultur haben wir in „Krieg in den Städten" leider zu wenig berücksichtigt. Das ist rückblickend ein echter Mangel unserer Reportage. Denn mit seinen Teilbereichen Rap, Graffiti, Breakdance und DJing wurde HipHop zum Medium schlechthin, mittels dessen sich die Jugendlichen ungeachtet der kulturellen Herkunft der Eltern an neue Interaktionsformen herantasten und den Dialog aufnehmen konnten. HipHop sprengte Grenzen und verhinderte in den Städten der Republik die ethnische Segregation der vielfältigen Communities. Und Graffiti wurde zum Esperanto, das in den inzwischen vielfältigen und vielsprachigen Städten wie Hamburg, Berlin, Köln, Frankfurt, Leipzig, Dresden oder München eine Verständigung über die jeweiligen Herkunftsdialekte hinaus ermöglichte. Wie sind die Tausende von Wandgemälden, die in den 90er Jahren plötzlich S-Bahn-Strecken, Brandmauern, Züge und Häuserfassaden schmückten, zu lesen? Ein Interpretationsangebot: als politisches Statement einer Jugend; als Dialogangebot an eine Gesellschaft, die nach einer neuen Identität ringt. Graffiti ist der sichtbare Ausdruck, dass nach dem Ende der altdeutschen kulturellen Dominanz etwas Neues heranwächst. Die Jugendbewegung des HipHop führt bis heute im Schatten der medialen Konzentration auf „Gangsta Rap", Gewalt, Sexismus und Graffiti = Vandalismus ein aufregendes, buntschillerndes, vielfältiges Leben, das mehr für ein friedliches Zusammenleben und die Herausbildung einer tragfähigen, multikulturellen Alltagskultur geleistet hat als so manches Integrationsprogramm.

Auch ohne dem 11. September und seine Folgen, auf die wir später eingehen werden, stand kaum eine Jugendgeneration nach 1950 in Deutschland so im Zentrum dramatischer gesellschaftspolitischer, ökonomischer und historischer Umwälzungen wie die nach 1970 Geborenen. Einige der wichtigsten Stationen: die Öffnung der Mauer, der Golfkrieg 1990/1991, die Geburt des Internets mit der freien Verfügbarkeit des World Wide Webs seit 1991, die Balkankriege und Massenflucht nach Deutschland, der Siegeszug des Neoliberalismus und die Neuordnung Europas in den neunziger Jahren und die demographische und kulturelle Veränderung Deutschlands durch Migration.

Den nach 1970 Geborenen mag das Heroische der 68er und das Rebellische der Post-68er abgehen, aber es mangelte ihnen nicht an Gelegenheiten, am Leben, der Politik und damit an der Geschichte teilzuhaben. Sie mussten es nur wollen. Erinnern wir uns: 1989, als sie 14 bis 19 Jahre alt waren, überschlugen sich die politischen Ereignisse – in Ost und in West. Für die „Generation Krieg in den Städten" war es das Jahr ihrer politischen Initiation. Ein Teil von ihr rückte nach rechts und votierte für die „Republikaner". In Berlin waren es bei den Abgeordnetenhauswahlen im Januar 1989 bis zu 20 Prozent der männlichen Erstwähler – ein Novum. Ein anderer Teil gründete daraufhin an den Schulen und in den Stadtteilen Antifa-Gruppen.

Schon wenige Wochen später, am 20. April, dem 100. Geburtstag Adolf Hitlers, erlebten diese ihre erste Bewährungsprobe auf der Straße. Neonazis kündigten in Hamburg, Köln, Frankfurt und auch Berlin Übergriffe auf türkische Schüler an. Deutsche, griechische, italienische und türkische Jugendliche schlossen sich in Selbsthilfegruppen zusammen, um den Einmarsch der Neonazis in ihre Wohnquartiere zu verhindern.

Es war ein Ereignis mit gesellschaftspolitischer Tiefenwirkung. Vor allem für viele Jugendliche aus Einwandererfamilien rückten Pogrome in den Bereich des Möglichen. Sie konnten sich die gelangweilte Neutralität der „Generation Golf" nicht leisten. Über Jahre hinweg lieferte sich die „Generation Krieg in den Städten" in Halle, Leipzig, Dresden, Magdeburg und Berlin blutige, mitunter auch tödliche Straßenkämpfe um die Frage: Wem gehört der Alexanderplatz, Connewitz, die Neustadt? Der bunten, der multikulturellen Szene oder der rechten?

Wernigerode, Halberstadt, Quedlinburg, Schwedt, Leipzig und Dresden. In ganz Ostdeutschland kommt den um 1970 Geborenen eine Schlüsselrolle zu. Sie sind die Generation, die noch hinreichend DDR erlebt hat, aber gleichzeitig jung genug ist, um das neue Deutschland zu formen. Auch hier ist in den neunziger und den nuller Jahren der Deutungskampf im vollen Gange. Soll es deutsch-völkisch, demokratisch, DDR-nostalgisch oder etwas ganz Neues sein?

Nein, so geschichts- und gesichtslos, wie es die Sprecher der „Generation Golf" sehen wollten, ist diese Generation zu keinem Zeitpunkt gewesen. Ihre Wahrnehmung legt nur Zeugnis davon ab, dass man nur sieht, was man sehen will, und in welcher Parallelwelt die Mittelschichten der westdeutschen Provinz und der gentrifizierten gutbürgerlichen Viertel unserer Großstädte inzwischen leben. Solidarität und Einfühlungsvermögen gehören nicht zu den Schlüsselkompetenzen der „Generation Golf". Da unterscheidet sie sich grundsätzlich von, den von ihnen zu Unrecht so geschmähten

Alt-68ern ihrer Elterngeneration. Diese kämpften nicht nur um ihre eigenen Interessen, sondern rückten die internationale und klassenübergreifende Perspektive und Solidarität in den Mittelpunkt ihres politischen Handelns. Die Protagonisten der „Generation Krieg in den Städten“ gehörten weniger den privilegierten Schichten an, sie kamen überwiegend aus postproletarischen, ostdeutschen und migrantischen Familien. Mit- und gegeneinander kämpften sie um die knapper werdenden Ressourcen.

Heute, zwanzig Jahre nach Erscheinen von „Krieg in den Städten“, fühlt sich die „Generation Golf“ ähnlich vom sozialen Abstieg bedroht wie bereits vor Jahrzehnten die bildungsferneren und materiell weniger gut ausgestatteten Schichten. Die Globalisierung der qualifizierten Arbeitswelt und die Abschaffung von steuerfinanzierten Privilegien der Mittelschicht mittels Hartz IV bedrohen nun ihren lange sicher geglaubten (ererbten) Lebensstandard. Aggressiv grenzen sie sich nach unten gegen die „Generation Krieg in den Städten“ und deren Kinder ab. Statt einer gemeinsamen Perspektive aus der Misere beschwören sie eine Renaissance bürgerlicher und bisweilen auch christlicher Werte. Sie achten auf Distinktion und distanzieren sich von Migranten und bildungsfernen Schichten. Anders als ihre alt-68er Eltern haben sie sich längst von jeglicher solidarischen Perspektive verabschiedet. Sie schicken ihre Kinder auf (christliche) Privatschulen und schaffen sich in Altbauvierteln wie dem Prenzlauer Berg in Berlin aseptische Kunstwelten – frei von sozialer und ethnischer Durchmischung. Ein solches Ausmaß an sozialer Segregation hat es seit Gründung der Republik noch nicht gegeben.

DIE RADIKALISIERUNG DER MITTELSCHICHTEN

Viele der Migrantenjugendlichen, die wir für „Krieg in den Städten" interviewten, beklagten vor zwanzig Jahren, dass sie sich von den Deutschen nicht angenommen fühlten, bedroht, diskriminiert. Zum Beispiel Mehmed, Mitglied der Jugendgang „Die Alis". Er antwortete 1991 auf unsere Fragen:

„*Weshalb schließen sich die Jugendlichen in Gangs zusammen?*
Damit der Einzelne überhaupt existieren kann. Nicht als Gruppe, sondern als Mensch. Menschen können nicht damit leben, dass sie jeden Tag diskriminiert werden.
Hast du selbst Diskriminierung erlebt?
Ich erlebe sie täglich. Immer wieder werde ich als Kanake bezeichnet.
Wie gehst du durch die Straßen, wenn du immer damit rechnest, diskriminiert zu werden?
Es gibt nur einen Ort in Deutschland, wo ich gelöst durch die Straßen gehen kann und weiß, hier passiert mir nichts. Das ist Kreuzberg. In allen anderen Bezirken oder Städten muss ich damit rechnen. Es blinkt ein Warnsignal: Pass auf, sonst wirst du angemacht! Ich bin mir sicher, das ist keine Einbildung Ich merke den Unterschied, wenn ich in anderen Ländern bin, an Orten mit einer Multikultur, dann habe ich dieses Gefühl nicht!"

Ende der neunziger Jahre, zehn Jahre nach diesem Gespräch, schien sich das Verhältnis zwischen EinwanderInnen und Mehrheitsgesellschaft zum Positiven zu wenden. Der Widerstand der Konservativen gegen eine Reform des Staatsangehörigkeitsrechtes erlahmte. Und die Losung „Deutschland ist kein Einwanderungsland!" fand auch unter CDU-Wählern immer weniger Anhänger. Im Jahr 2000 machte die rotgrüne Bundesregierung Schluss mit dem völkischen Selbstverständnis des Deutschseins. Von nun an sollte ein republikanisches Staatsangehörigkeitsrecht und nicht das Blut allein definieren, wer Deutscher ist. Diese Entwicklung ermöglichte es MigrantInnen, sich stärker als bisher mit diesem Land zu identifizieren.

Religion spielte noch keine große Rolle. Die „Muslime 2000", das waren Steuerberater, ArbeiterInnen, Unternehmer, Arbeitslose, Spekulanten, Kriminelle, SozialhilfeempfängerInnen, Politiker, KünstlerInnen, Prostituierte, Eltern, Alleinerziehende, Schwule, Lesben, Schönheitsköniginnen, Gottlose, Gläubige, Fanatiker, Handwerker, Putzfrauen, Pragmatiker, Mörder und Polizisten, SchriftstellerInnen und AnalphabetInnen. Nicht mehr und auch nicht weniger.

So hätte sich die Sache weiterentwickeln können, wären da nicht der 11. September 2001 und der Mord an dem niederländischen Filmemacher Theo van Gogh geschehen. Dieser Mord im November 2004 löste auch in Deutschland eine moralische Panik aus und beendete den integrationspolitischen Frühling der frühen nuller Jahre. Aus Türken wurden Muslime, aus türkischer und arabischer Kultur die islamische. Nicht mehr die nationalen, ethnischen, sozialen, kulturellen und individuellen Identitätsmerkmale beherrschen seitdem die Wahrnehmung. Die Zugewanderten und ihre Nachkommen werden von der Mehrheitsgesellschaft auf ihre religiöse Identität reduziert. Gleichzeitig wurde der Islam in endlos redundanten Debatten des Feuilletons zu einer rückständigen und potenziell gewalttätigen Religion erklärt.

Neue Schlagworte bestimmen nun die mediale Agenda: Islam, Islamismus, Parallelgesellschaft, Frauenunterdrückung, das Ende von Multikulti. Die hysterischen Bezichtigungen, für die Namen wie Henryk M. Broder, Necla Kelek, Udo Ulfkotte und Thilo Sarrazin stehen, sind keine Diskurse der Befreiung und Emanzipation. Es sind Rüpeleien, Erzählungen des Verdachts und der Denunziation. Ihre Thesen stoßen in der Bevölkerung nicht wegen der Qualität der Texte und der Analyse auf Begeisterung, sondern weil sie ein tiefer sitzendes Bedürfnis vieler Deutscher befriedigen. Der Islamstreit erlaubt, all die rassistischen Emotionen ungehindert auszuleben, denen beim Antisemitismus und Rechtsextremismus inzwischen recht enge Grenzen gesetzt werden.

Soziales und ökonomisches Krisenmanagement auf Kosten von Minderheiten ist ein altes und bis heute bewährtes Mittel des Erwerbs und des Erhalts politischer Macht. Wie dies in den achtziger und frühen neunziger Jahren funktionierte, haben wir in „Krieg in den Städten" beschrieben. Diesmal, so legen es die Umfragen und die Entwicklungen bei den jüngsten Wahlen in den westeuropäischen Nachbarländern nahe, übernehmen die Muslime die Rolle des Sündenbocks. Wenn die Annahme stimmt, dass dem offenen Ausbruch eines Konflikts eine Zeit der Entfremdung vorausgeht, in der das Misstrauen wächst, dann stehen den Muslimen in Deutschland und Europa turbulente und gefährliche Zeiten bevor. Denn die Mehrheitsgesellschaft ist längst zum Opfer ihrer religiösen Obsessionen und Identitätskonstruktionen geworden.

Inzwischen möchten über die Hälfte der Deutschen die Religionsfreiheit der Muslime erheblich einschränken, im Osten gar über 75 Prozent. Dies ergab eine Umfrage im Herbst 2010. Und 37 Prozent der BürgerInnen hielten es laut einer Umfrage von Infratest-dimap für die ARD für besser, wenn es in der Bundesrepublik keinen Islam geben würde. Die neuen repräsentativen Umfragen belegen einen Rechtsruck nicht der radikalen Ränder, sondern der politischen

Mitte. Es droht der Verlust der humanen Orientierung der Mehrheitsgesellschaft.

Alle Vermutungen über die Zivilisierung der Bundesrepublik, über das neue, das fröhlich unbeschwert-patriotische Lebensgefühl des neuen Deutschland, die nach dem Sommermärchen im Rahmen der Fußballweltmeisterschaft 2006 das Selbstbild der Deutschen bis heute prägen, sind Makulatur. 2011 riecht es nach den achtziger und neunziger Jahren, als in Deutschland Wohnhäuser von Türken und Flüchtlingen brannten.

DIE JUGEND UND DER ISLAM

Als wir „Krieg in den Städten" veröffentlichten, spielten Fragen wie: Wird Deutschland vom Islam unterwandert? Stellen muslimische Jugendliche die Fundamente unseres Zusammenlebens in Frage? nur in notorisch rechtsextremistischen Zirkeln eine Rolle. Seit 2004 widmen sich die Feuilletons des Landes exzessiv dieser Frage. Für uns Grund genug, der Frage „Jugend und Islam" im Spiegel der Wissenschaft und nicht im Schlagschatten des Ressentiments nachzugehen.

Der terroristische Dschihadismus ist brandgefährlich, weil er den Tod vieler seiner Gegner ersehnt, aber in Deutschland stößt er nur bei sehr, sehr wenigen Muslimen auf Zustimmung und Unterstützung. Die Sicherheitsbehörden gehen von rund 200 gewaltbereiten Islamisten aus, die eine paramilitärische Ausbildung durchlaufen haben. Es handelt sich dabei um deutsche Konvertiten und Dschihadisten mit türkischem oder arabischem Hintergrund. Allerdings scheint die Gefahr islamistischer Radikalisierung virulent. „Die

Zahl der radikalisierten Muslime wird wachsen, solange sich muslimische Einwanderer hierzulande benachteiligt fühlen müssen", so der Islamexperte Guido Steinberg von der Berliner Stiftung Wissenschaft und Politik.

Sollte es diesen Wirkungszusammenhang tatsächlich geben, dann ist die Lage ernst. Denn nach einer Untersuchung des Open Society Institute aus dem Jahr 2009 glauben nur 11 Prozent der Muslime in Deutschland, sie würden von den Deutschen als ihresgleichen betrachtet. Und 72 Prozent der Befragten türkischstämmigen Menschen in Deutschland geben an, dass sie bereits wegen ihrer ethnischen Herkunft diskriminiert wurden. Am häufigsten in den Bereichen, in denen eine starke Konkurrenz herrscht – am Arbeitsplatz und bei der Wohnungs- und Arbeitssuche.

An diese Erfahrungen knüpfen islamistische Organisationen an. Sie präsentieren sich als Hüter einer angeblich bedrohten muslimischen Identität. Sie reduzieren Menschen türkischer, arabischer und bosniakischer Herkunft ebenso auf ihre Religion, wie es die deutsche Mehrheitsgesellschaft tut. Nach einer 2009 veröffentlichten Studie des Zentrums für Türkeistudien hat die Religiosität unter den in Deutschland lebenden Türken seit 2001 zugenommen. Während sich im Jahr 2000 nur 57 Prozent als religiös beziehungsweise sehr religiös bezeichneten, waren es 2008 72 Prozent, von den unter 30-jährigen Deutschtürken sogar 75 Prozent. Die wachsende Bedeutung des Religiösen sagt allerdings nicht automatisch etwas über den gesellschaftlichen Einfluss des Islam in Deutschland aus. Der bleibt bescheiden, denn der Islam in Deutschland ist im Vergleich zu anderen Glaubensgemeinschaften arm und nur wenig organisiert. Während immer noch rund 60 Prozent der deutschen StaatsbürgerInnen Mitglied in der katholischen oder der evangelischen

Kirche sind, sind deutschlandweit weniger als 20 Prozent der Muslime Mitglied eines Moscheevereins.

In den zurückliegenden Jahren sind neue Formen muslimischer Religiosität entstanden. Der unscheinbare „Gastarbeiterislam" ist nichts, was Jugendliche begeistern könnte. Der gelebte Islam hat sich zum Teil wenigstens modernisiert und in vielfältigen Jugendkulturen entwickelt, die sich ganz bewusst auf die Religion beziehen. Sie bilden einen bunten, kleinen Kosmos voller Widersprüche. Da sind die Jugendlichen, für die der Islam vor allem eine Frage des Lifestyles ist, eine Frage der richtigen Kleidung und Musik, der FreundInnen und der Ästhetik. Ihnen geht es vor allem um das Recht, ihre Identität frei von Diskriminierung durch die Mehrheitsgesellschaft zu leben – inklusive der Religion.

Neben diesen „Popmuslimen" (Julia Gerlach) stehen Jugendliche, die sich bewusst vom Volksglauben ihrer Eltern distanzieren. Sie suchen Spiritualität und die in ihren Augen wahren, von Politik und Machtinteressen unverfälschten Wurzeln des Islam. Diese so genannten Neomuslime erinnern ein wenig an Jesus Freaks und diskussionsfreudige, von ihrer Mission erfüllte evangelische Kirchentagsbesucher. Sie treffen sich in Vereinen, im Netz und auf Events. Diese Gruppen sehen sich als Teil der Gesellschaft und suchen den Dialog. Sie lehnen Gewalt als Mittel der Durchsetzung ihrer Interessen ab.

Daneben gibt es eine verschwindend geringe Minderheit von Jugendlichen, die sich in salafistischen Gruppen zu Hause fühlen, die Demokratie und individuelle Freiheitsrechte ablehnen und einen Gottesstaat à la Saudi-Arabien herbeisehnen.

Entgegen gängigen Erwartungen ist die hohe Religiosität der Muslime gepaart mit einer sehr pluralistischen und toleranten Einstellung. Darauf weist der 2008 veröffentlichte „Religionsmonitor" der Bertelsmann-Stiftung hin. 65 Prozent der Muslime in Deutschland lehnen eine islamische Partei ab, 86 Prozent finden, man sollte gegenüber allen Religionen offen sein. Vor allem für die politische Einstellung ist die Religiosität wenig maßgeblich. Hier sagen nur 16 Prozent, der Glaube habe für sie einen bedeutenden Einfluss.

Das ist die gute Nachricht. Die schlechte lautet: Etwa 8 bis 12 Prozent der Muslime in Deutschland weisen laut Bertelsmann-Stiftung eine „demokratie-distante" Einstellung auf. Und knapp 6 Prozent der Muslime akzeptieren massive Formen politisch-religiös motivierter Gewalt. Die Studie zu „Lebenswelten und Milieus der Menschen mit Migrationshintergrund in Deutschland" (2009) des Heidelberger Sozialforschungsinstituts Sinus spricht in diesem Zusammenhang vom „religiös verwurzelten Milieu": „Die Religion verstehen sie als autoritäres Gegenüber, dessen Inhalte, Formen und Institutionen nicht diskutabel sind. Daraus folgt ein gewisser religiöser und lebensweltlicher Fundamentalismus. (...) Weit über die Hälfte der Menschen im religiös verwurzelten Milieu hat noch nie eine deutsche Familie besucht. Das religiös verwurzelte Milieu bildet eine relativ geschlossene Gesellschaft. Sie beschränkt den Kontakt zu anderen Lebenswelten auf das Nötigste. (...) Die Kinder und Jugendlichen in diesem Milieu nehmen deutlich seltener als die meisten Kinder an kultureller, vor allem musikalischer und kreativer Bildung teil. Die Bildungsferne der Eltern und von ihnen wahrgenommene Zugangsbarrieren zu Kunst und Kultur setzen sich hier nahtlos fort." Insgesamt gehören laut Sinus jedoch nur 7 Prozent der EinwanderInnen in Deutschland diesem Milieu an, „kleine, schrumpfende Gruppen, die meistens nicht über größere Einflussmöglichkeiten verfügen."

Schockieren können die Zahlen zu Desintegration und religiösem Fundamentalismus unter MigrantInnen ohnehin nur den, der die Verhältnisse in der Mehrheitsgesellschaft nicht kennt. Bis zu 13 Prozent der Deutschen haben ein geschlossen rechtsextremes Weltbild. Tatsächlich kommt die 2007 veröffentlichte Studie des Bundesinnenministeriums „Muslime in Deutschland" zu dem Ergebnis: Es ist kein signifikant höheres Maß an Autoritarismus und Demokratiedistanz junger Muslime im Vergleich zu einheimischen Nichtmuslimen nachzuweisen, es handelt sich also nicht um ein spezifisch muslimisches Problem.

Einen Unterschied gibt es bei muslimischen und nichtmuslimischen Jugendlichen in der Zielrichtung der religiösen Intoleranz. 15 Prozent der nichtmuslimischen Studenten stimmten der Aussage zu, „Muslime sind intolerant und gewalttätig". Der Aussage „Menschen jüdischen Glaubens sind überheblich und geldgierig" stimmten 5,4 der nichtmuslimischen und 9,4 der muslimischen Studenten zu.

Das Fazit der Autoren der Studie „Islam in Deutschland": Betrachtet man die verschiedenen Zielrichtungen der Vorurteile als vergleichbare Formen religiöser Intoleranz, dann zeigt sich, dass Unterschiede im Ausmaß religiöser Intoleranz zwischen jugendlichen Muslimen und einheimischen Nichtmuslimen nicht mehr nachweisbar sind. „Integrationsdefizite und die damit einhergehenden Problemlagen sind nicht in erster Linie ein Problem oder eine Folge der ethnischen Herkunft, sondern ein soziales Phänomen: Integrationsdefizite finden sich am ehesten in den unterschichtigen Milieus, nicht anders als in der ursprünglichen deutschen Bevölkerung. Benachteiligung und Ausgrenzung empfinden Menschen mit und ohne Migrationsgeschichte", stellt auch die schon zitierte Sinus-Studie fest. „Etwa ein Viertel der befragten Menschen mit Migrationshintergrund fühlt sich isoliert, ausgegrenzt, benachteiligt – insbesondere Angehörige der unterschichtigen Milieus. Selbststilisierung kann eine Reaktion darauf sein. Sie unterscheidet sich strukturell nicht von analogen Sichtweisen in den einheimischen Milieus der modernen Unterschicht ohne Migrationshintergrund. Je höher das Bildungsniveau und je urbaner die Herkunftsregion, desto leichter und besser gelingt die Integration."

Je mehr empirische Forschungsergebnisse zu den religiösen und gesellschaftspolitischen Einstellungen der muslimischen Minderheit in Deutschland vorliegen, umso offensichtlicher wird: Bezüglich potentieller Radikalisierungstendenzen unterscheiden sich die Jugendlichen mit türkischem und arabischem Migrationshintergrund nicht von den deutschen Jugendlichen. Dieser Befund sollte uns allerdings nicht beruhigen, sondern lediglich daran erinnern: Eine Aufteilung in „eure" und „unsere" Bösen fällt weit hinter den Stand der entwickelten Einwanderungsgesellschaft zurück. Die Bekämpfung von religiösen Fanatikern, von Gewalttätern und Terroristen ist gemeinsame Aufgabe aller Demokraten. Egal, woher sie auch ursprünglich kommen mögen.

KEIN ENDE DER GEWALT? DIE ANGSTZONEN DER REPUBLIK

Auch zwanzig Jahre nach Erscheinen von „Krieg in den Städten" existieren in Deutschland Zonen der Angst. In ihnen ist nichts normal, was zum Standard ziviler Gesellschaften gehören sollte. „Wenn ich zu meiner Freundin nach Marzahn fahre, geht mir durch den Kopf: Was tue ich, wenn ich wegen meiner Hautfarbe beleidigt oder angegriffen werde? Ich will nicht ständig mit dem Angstgefühl zu ihr fahren, viel lieber würde ich mir die Gegend angucken", berichtet Lee T.

Diese Gefühlslage ist Allgemeingut unter den MigrantInnen Berlins. Auch 2011 fährt kaum eine Berliner Schulklasse mit interkultureller Schülerschaft in das Brandenburger Umland, bevor nicht folgende Fragen geklärt sind: Wie sicher ist das Landschulheim? Gibt es eine örtliche rechte Szene? Wie lautet die Telefonnummer der nächsten Polizeistation? Seit zwanzig Jahren ist das so. Nichts Besonderes – Alltag in Deutschland.

Zonen der Angst gibt es viele – nicht alle liegen im Osten der Republik, und nicht alle werden von biodeutschen Rechtsextremisten okkupiert. Juden mit Kippa und Schläfenlocken oder einem offen zur Schau getragenen Davidstern sollten sich in manchen Einwanderervierteln nicht allzu unbefangen bewegen. Auch dort gibt es militante Antisemiten und Jugendliche, die sich auf völkische Ideologien beziehen. Und Schwule wissen: Die öffentliche Demonstration ihrer sexuellen Orientierung ist in den rechten Hochburgen Ostdeutschlands wie auch in bestimmten innerstädtischen Straßenzügen westdeutscher Großstädte nicht ratsam.

Was häufig als Gegensatz diskutiert wird, gehört zusammen. Die Angstzonen in Berlin-Neukölln, dem Wedding oder in Ostdeutschland haben mehr miteinander zu tun, als viele wahrhaben wollen. Seit zwanzig, dreißig Jahren sind ganze Stadtviertel und Regionen von der Reichtumsproduktion und damit von den Freuden des Konsums ausgeschlossen. Wer eine Aufstiegsperspektive für sich sieht, egal ob Migrant oder Deutscher, sucht, so schnell er kann, das Weite und den Anschluss an prosperierende und konsumfreudige Regionen.

Zurück bleiben Sozialmilieus, die nur noch wenig mit den materiellen Standards und kulturellen Codes der tonangebenden Mittelschichten verbindet. In keiner der Zonen, die es in den letzten Jahren in die Schlagzeilen schaffte, liegt die reale Arbeitslosenrate unter 30, 40 Prozent. Die Menschen wissen längst, was kein Politiker öffentlich zugeben mag: Die Gesellschaft braucht einen Großteil der Bevölkerung in diesen Angstzonen nicht mehr. In der Ökonomie gibt es keinen Platz für sie. Heute nicht und auch morgen nicht – nicht einmal in der Armee. Die Ära der Bauhelfer, Bandarbeiter, Gabelstapelfahrer, Stahlkocher, Bergleute und Infanteristen ist Geschichte.

Vorbei ist auch die Zeit, als die Bundesrepublik noch über hinreichend materielle Ressourcen verfügte, die Betroffenen des Strukturwandels über Placebo-Arbeit in den Kreis der fröhlichen Konsumenten zu integrieren. Natürlich ist all dies kein Freibrief für Rechtsradikalismus, für Antisemitismus, Schwulenhass, Deutschenfeindlichkeit, Rassismus und Islamismus. Auch gibt es keinen Automatismus nach dem Motto: So was kommt von so was. Und tatsächlich nehmen die meisten – vor allem Frauen und Ältere – ihr Elend hin. Auf der anderen Seite muss zur Kenntnis genommen werden: Es sind vor allem die jungen Männer, die versuchen, Herr der eigenen Geschichte zu bleiben – allzu häufig mit untauglichen Mitteln. Und eine Regel in bildungsfernen, organisationsschwachen, ressourcenarmen Milieus, die weder von den Gewerkschaften noch von einer demokratischen Linken mit ihrem Egalitätsversprechen erreicht werden, lautet: Wer sonst nichts hat, der greift schnell mal auf das zurück, was ihn von Geburt an zuzukommen scheint – also Religion, ethnische Zugehörigkeit, das Blut, die Heterosexualität.

In diesen Zonen der Angst erlangen junge Männer mit normüberschreitendem, häufig gewaltorientiertem Handeln das höchste Maß an Aufmerksamkeit. In gewisser Hinsicht ist ihr Handeln deshalb rational. Sie haben gelernt: Aufmerksamkeit, Mittel für Jugendeinrichtungen, für die Ausstattung einer Schule oder für Arbeitsbeschaffungsmaßnahmen fließen dann am üppigsten, wenn die Zahl rassistischer Übergriffe, von Gewalttaten oder die Wählerstimmen für rechtsradikale Parteien eine kritische Marge überschritten haben.

Initiativen und Projekte gegen Rechtsextremismus, Islamismus und Gewalt, die seit dem Jahr 2001 durch den Staat gefördert werden, können den Erosionsprozess der bürgerlichen Gesellschaft alleine nicht aufhalten. Sie leisten in bester kommunitaristischer Tradition einen kleinen Beitrag zur Zivilisierung einer Kommune oder einer Schule. Sie können temporäre Tabus errichten und die Hemmschwellen für normabweichendes Handeln erhöhen, aber sie sind keine dauerhafte Antwort auf die Frage, wie die Gesellschaft auf diese Begleiterscheinungen des Zerfallsprozesses und des Fehlens altbewährter Integrationsstrategien durch Arbeit und Konsum reagieren sollte.

Die Politik hat diesen Milieus wenig zu bieten. Keinen Willen zur Umverteilung der Arbeit, keine Ideen für eine Gesellschaft, der die Arbeit ausgeht. Wertkonservative Beschwörungen von Familienwerten und bürgerlichen Tugenden tragen vielleicht zur eigenen Selbstvergewisserung und Identitätsbildung bei – nichts aber zur Bewältigung einer der größten gesellschaftlichen Herausforderungen, den Verlust an gesellschaftlichem Zusammenhalt.

Während wir diese Zeilen niederschreiben, belagern Jugendliche in New York die Wall Street, um gemeinsam gegen die Verheerungen, die der Kapitalismus in ihrem Leben anrichtet, zu demonstrieren. Damit neigt sich ein bemerkenswertes Protestjahr dem Ende zu, das im Januar 2011 in Tunesien begann. In Tunis und Kairo wurden die herrschenden

und korrupten Eliten verjagt. Auch in Madrid und Athen, Rom und ein wenig in der Berliner Republik rebelliert die Jugend. Noch ist nicht abzusehen, ob daraus eine neue solidarische Bewegung entstehen wird. Aber so viel Prognose sei gewagt: Der seit dreißig Jahren unangefochten herrschende Neoliberalismus ist nicht das Ende der Geschichte. Die Verteilungskämpfe gehen weiter.
Dezember 2011